Pourquoi est-il
si difficile
d'être heureux ?

OUVRAGES DE JACQUES SALOMÉ

AUX ÉDITIONS ALBIN MICHEL

Papa, maman, écoutez-moi vraiment

Je m'appelle toi

T'es toi quand tu parles

Bonjour tendresse

Contes à guérir, contes à grandir

Heureux qui communique

L'Enfant Bouddha

Charte de vie relationnelle à l'école

Communiquer pour vivre

C'est comme ça, ne discute pas !

En amour, l'avenir vient de loin

Éloge du couple

Tous les matins de l'amour... ont un soir

Les Mémoires de l'oubli (en collaboration avec Sylvie Galland)

Paroles à guérir

Pour ne plus vivre sur la planète Taire

Car nous venons tous du pays de notre enfance

Contes à aimer, contes à s'aimer

Dis papa, l'amour c'est quoi ?

Oser travailler heureux (en collaboration avec Christian Potié)

Lettres à l'intime de soi

Je t'appelle Tendresse

(suite p. 233)

Jacques Salomé

Pourquoi est-il si difficile d'être heureux ?

Illustrations de Françoise Malnuit

Albin Michel

« Je voudrais être heureux, mais j'ai tellement besoin d'être vu comme malheureux. »

(Entendu dans le TGV Avignon-Paris)

Le bonheur, ah ! le bonheur...

Quand on pense qu'il y a tous ces « gagne-petit » d'un bonheur au quotidien, qui se contenteraient d'être heureux ou de seulement survivre sans se plaindre au jour le jour ! Et puis encore tous les faux malheureux qui tirent du plaisir à rester dans l'inconfort et le regret. Et tant d'autres encore, les ambitieux, les capitalistes ou les forcenés du bien-être, qui voudraient, eux, en plus de tout ce qu'ils ont, de tout ce qu'ils vont avoir, le bonheur à temps plein !

Quelle dérision, quelle déraison apparente ! Et pourtant, chacun dans sa croyance semble sincère. Chacun d'entre nous a une idée du bonheur (de ce qu'il devrait être ou ne pas être), au plus profond de lui, énoncée ouvertement ou cultivée plus secrètement. La recherche du bonheur, même si elle prend les chemins les plus invraisemblables, est quasi universelle. Mais est-ce bien le bonheur tout court que l'on recherche vraiment, celui qui ne s'affiche pas, se reçoit avec des joies simples, des gestes justes, une sérénité évidente ?

Il y a quelques sages qui savent que le bonheur est

discret, semblable à la flamme d'une bougie dans une orgie de néons. Que le bonheur se cisèle autour de la beauté entrevue et perdue, de l'incertitude présente et tenace, des émerveillements qui se réveillent dans les moments de paix ou qui se bousculent dans l'étonnement d'être vivant. Le bonheur au quotidien, en cadeau dans son cristal de lumière, dans la bonté du soleil, dans la chaleur bienveillante d'un jour qui s'alanguit.

Le bonheur généreux, dans la paix reçue ou offerte, dans la contemplation inespérée d'un paysage, d'une œuvre d'art, dans les couleurs retrouvées, les vibrations d'une rencontre bien accordée. Le bonheur, tout simplement, pétillant, ardent, inépuisable, telle une respiration amplifiée, dans un présent ébloui. Le bonheur non après le malheur, mais en premier, avant toute autre manifestation dans l'éternité d'un instant.

Le bonheur de se réveiller chaque matin, de respirer, d'ouvrir les yeux, de se lever, d'exister, d'être debout, de partager un café au lait, de commencer une journée. Et le reste ? Tout le reste dans un quotidien tourbillonnant qui vient en plus. Être heureux ou malheureux ? Crispé ou détendu ? Affairé ou disponible ? Tout cela en plus. Nous voulons que le bonheur, avec ses visages multiples, ses surprises, soit là en nous, au premier plan telle une évidence, voilé parfois mais toujours présent, côtoyant le chagrin, cohabitant avec l'insuffisance, traversant le monde imparfait des apparences. Le bonheur source devenue rivière, attendu, exigé, capable d'irriguer toute une existence.

Le bonheur est surtout une attente et parfois, miraculeusement, il devient une part du réel. Dans l'attente du bonheur, l'injustice n'est pas dans les remous ou les violences impitoyables de la vie, elle est plutôt dans tout ce qui empêche chacun d'entre nous de se relier à son bonheur de vivre. Elle est dans l'incapacité à se sentir vivant, présent au présent. Dans le refus de s'agrandir, par crainte de se perdre ou de se trouver ! Le malentendu qui peut se transformer en injustice est dans la persistance de toutes les autoprivations que nous nous infligeons, par peur de déplaire, par crainte du qu'en-dira-t-on, des jugements de valeur, des croyances erronées qui nous dévient du chemin quand nous voulons oser le bonheur envers et contre tout, quand nous craignons de le rencontrer, quand nous hésitons à l'accueillir et à nous fondre en lui.

Le bonheur, faut-il le rappeler, c'est également une petite lumière au plus sombre de soi. Petite veilleuse fidèle, patiente et inaltérable, patiente mais qu'il est bon de raviver sans cesse jour après jour, qu'il est bon de tenir à l'abri des vents, de protéger des tempêtes du chagrin ou de la pluie des désespoirs. Une petite lumière qu'il appartient à chacun de préserver de la malveillance, des pensées négatives, des poisons du ressentiment, de l'inattention des habitudes.

Le bonheur est une conquête permanente sur la lassitude, les découragements ou les enfermements.

Le bonheur, une toute petite flamme scintillant en plein jour, courageuse, précieuse, magique et mystérieuse au cœur de chacun.

Une lumière sertie dans les voiles bleutés de la tendresse en ses murmures tissés de bienveillance et d'acceptation.

Le bonheur, ah ! le bonheur...

Prendre parfois le temps
de vivre à temps plein

Un des plus beaux voyages qu'il est possible de faire, c'est de s'abandonner à l'éternité d'un instant, en prenant le temps d'être davantage soi-même.

Nous le savons, le temps ne peut ni se thésauriser, ni se déplacer, ni s'agrandir, ni se perdre. Et ceux qui croient qu'ils auront le temps... plus tard, ou encore qu'ils prendront enfin le temps de se parler, de mieux communiquer, d'envisager de commencer sérieusement à maigrir ou à arrêter de fumer, de prendre plus de temps pour lire, pour être heureux, risquent le plus souvent de passer à côté de leur désir sans jamais pouvoir le transformer en projet inscrit dans une réalité. Ceux qui, plus dynamiques, tentent de tordre le cou au temps, pour en tirer le meilleur parti en faisant mille choses à la fois, en se multipliant, s'éparpillant, vont perdre le contact avec la part la plus subtile de la réalité en n'effleurant que le monde des apparences.

Sans oublier que le temps est lié à une mémoire capricieuse qui nous joue parfois des tours. Je ferme les yeux et soudain, c'était hier, je portais ma fille vagissante dans mes bras, le monde entier semblait plus bleu. J'étais père pour la première fois. J'ouvre les yeux, c'est aujourd'hui, elle est là, devant moi, femme accomplie venant de mettre au monde son premier enfant. Tout est allé trop vite, si vite que j'ai eu l'impression qu'on m'a volé une partie de la vie de mon enfant !

Que s'est-il passé pour que le temps me trahisse ainsi ? Entre ces deux moments, hier et aujourd'hui, rien ou presque rien et, cependant, une succession folle d'événements, de difficultés et de ressentis, une foultitude de miettes de vie, et un goût d'amertume au fond de la gorge et des yeux. Avec aussi une immense nostalgie liée au sentiment d'être passé à côté de l'essentiel, de l'enfance de ma fille aînée, des premiers jeux, de ses découvertes, de ses premières amours. La conviction soudaine d'avoir raté le plus important dans beaucoup d'autres domaines, de n'avoir pas su accueillir justement les cadeaux de l'imprévisible, d'avoir manqué, pas vu, pas senti les moments heureux dont la trace pourrait encore m'habiter... Mais à l'époque où j'étais un jeune père, je ne savais pas vivre le présent.

Je ne savais pas être totalement là où j'étais, car trop souvent tiraillé par les séquelles d'un passé proche ou plus lointain, ou encore projeté dans l'anticipation d'un futur à inventer, d'un demain que je prévoyais inquiétant ou, au contraire, si formidable qu'il mobilisait toutes mes énergies, que j'en oubliais de vivre l'instant, ce présent où j'étais. J'ai pu donner parfois à mes proches l'impression de ne m'engager qu'à moitié, ou encore de ne leur proposer qu'une présence incertaine, d'être quelqu'un en attente de ce qu'il souhaitait ou ambitionnait de vivre.

Vivre au présent me semble une des meilleures façons d'utiliser cette ouverture à l'irruption de la vie, dans la plénitude de ses possibles. Depuis, et en particulier à partir d'un travail sur soi, avec l'aide de la méditation, d'une plus grande conscientisation, j'ai le sentiment de pouvoir être un meilleur compagnon pour moi-même (et par là pour les autres !). Il me semble que je suis plus présent au présent. Et même si je ne suis pas toujours

un cadeau pour ceux qui me fréquentent, cette présence plus centrée, plus dense semble avoir plus de poids, plus de sens, de rayonnement ou... de consistance qu'il y a quelques années.

Aujourd'hui, il me semble aussi que le temps dispose d'une certaine élasticité, je veux dire par là que, traversé, alimenté par les effets d'une mystérieuse alchimie, il peut devenir plus long ou plus court, plus fiable ou plus vaporeux, plus rapide ou plus lent à certains moments de la journée. Que tels instants contiennent une part d'éternité qui donne aux heures et parfois à toute une journée une qualité d'existence plus vivace, plus colorée, plus étonnée. Moments de grâce, instants privilégiés où le temps semble prendre son temps pour se vivre en entier, nous prendre par la main et nous offrir un espace de vie plus large, plus bienveillant...

Je n'ai pas parlé du temps rêvé, le plus précieux peut-être si on oublie de réaliser quelques-uns de ses rêves. Et ces autres temps plus secrets, plus joyeux qui naviguent dans l'espace immense d'une vie.

Je souhaite à chacun de pouvoir entrer ainsi dans les différents temps de sa vie, à son rythme, à sa mesure, avec ses possibles.

Une rencontre avec le bonheur

Le bonheur, je l'ai rencontré dans ma vie, de façon imprévisible et toujours de façon trop brève pour pouvoir l'apprivoiser et le garder durablement en moi ou avec moi.

Et chaque fois qu'il est apparu, j'étais mal préparé, je l'ai peut-être accueilli dans la précipitation, tel un invité espéré qui arrive sans prévenir.

Et aujourd'hui j'ai le sentiment que je suis souvent passé à côté, sans le voir, sans le reconnaître.

Je ne vais pas me hasarder à donner une définition du bonheur, mais proposer une image pour tenter de le représenter.

Le bonheur, aussi surprenant que cela puisse paraître, est proche d'un pissenlit. Il a des racines profondes implantées au cœur de l'humus du vivant. Il pousse pratiquement partout, il a besoin de peu pour surgir, ses feuilles sont bonnes à manger, avec un tout petit goût astringent pour préparer notre palais à d'autres plaisirs, et sa fleur généreuse, l'avez-vous remarqué, se sème à tout vent.

Nous l'avons tous vue, cette fleur, sur la couverture des *Larousse*, elle s'appelle « akène » en langue savante et « cheveux d'ange » ou « aigrette » en langage populaire.

Une autre image me vient. Le bonheur espéré, vécu, éprouvé est semblable à l'accord parfait créé par deux notes qui vont vibrer, s'enrichir et s'épanouir ensemble, sans savoir qu'elles font du Mozart.

Rencontre d'une note intime, venant de nous, issue d'un bien-être, d'une joie profonde, d'un apaisement, d'un lâcher-prise, d'un plaisir plein et qui va s'accorder parfois à une autre note, à une résonance extérieure faite de signaux d'acceptation, de paix, de non-danger, de non-menace.

Car le bonheur ne peut être égocentrique, il ne peut rester prisonnier, enfoui en nous-mêmes, il doit être accordé avec ce qui l'entoure pour pouvoir se partager et s'agrandir ainsi. Lumineux comme l'éclat d'un rayon de soleil qui n'est arrêté par aucun nuage.

Aujourd'hui, il me semble qu'on maltraite le bonheur. On ne se contente plus de le désirer, de le chercher, de l'accueillir, on le traque car on l'exige, on veut le consommer au quotidien, à chaque instant, en faire un plat de tous les jours. Alors que c'est un plat du dimanche et des jours de fête !

Je peux évoquer quelques instants de bonheur dans ma propre existence. Quand j'avais six ans, ma mère, après avoir brutalement disparu durant quelques jours de ma vie, pour une hospitalisation d'urgence, est revenue et ce jour-là, sur le pas de la porte, j'ai senti mon cœur envahir tout mon corps. Le temps s'était arrêté, la terre immobilisée, le silence était devenu plus radieux. Chaque chose, chaque objet reprenait sa place. Je redevenais vivant, la vie généreuse se remettait à circuler en moi, à ruisseler de partout. Je pleurais du bonheur de me sentir toujours l'enfant de cette femme.

Quand j'avais dix-sept ans : celle que je désirais (je ne savais pas encore que je l'aimais !) m'a dit oui, « oui je t'aime », et j'ai reçu ce oui comme un cadeau inouï, qui allait faire disparaître à jamais mes peurs, apaiser tous mes doutes, me donner une confiance que je n'avais jamais eue jusque-là.

Quand j'avais vingt-quatre ans : j'ai pris pour la première fois mon premier enfant dans mes bras. J'ai posé mon nez dans ses cheveux, senti une odeur de lait, de noisette, cette douceur infinie de la soie de son crâne et j'ai eu cette sensation que je ne serais plus jamais le même. Ce fut comme si je faisais un pas immense dans l'éternité.

Et bien d'autres rencontres encore avec le bonheur, tout récemment avec le premier enfant de ma dernière fille, quand je l'ai bercé en chantonnant et que j'ai senti que tous ces gestes, je les portais en moi depuis des années, sans pouvoir les offrir à quelqu'un qui pouvait les recevoir comme ce bébé, arrivé au monde depuis la veille.

Il ne s'agit pas d'être angélique devant le bonheur, mais au contraire suffisamment lucide et ouvert, pour accepter de le savourer sans retenue, sans culpabilité, sans vouloir le capter ou le garder à jamais « que pour soi ». Comme si nous saisissions une poignée de sable et que nous voulions la garder à tout prix en serrant très fort la main. Car alors le sable s'écoule et nous perdons jusqu'à sa sensation, ne gardant que quelques grains qui ne sont plus du sable, seulement la trace de notre impuissance.

Le bonheur n'est pas un état permanent, mais une vibration subtile qui colore, dynamise, embellit un instant et l'agrandit loin très loin jusqu'aux rêves les plus fous.

Accueillir le surgissement
de l'imprévisible

Nous avons, pour la plupart d'entre nous, une tendance vivace et parfois tenace à anticiper et, de préférence, à vouloir maîtriser ce qui peut surgir de l'immédiat ou du futur proche et lointain. Non que nous soyons en permanence sur le qui-vive ou sur la défensive, mais cela nous rassure, semble-t-il, de prévoir et aussi de contrôler ou de tenter d'espérer exercer une influence sur le surgissement de l'imprévisible, pour le mettre éventuellement à notre service. Il y a, du moins je le ressens comme cela, une accélération de plus en plus grande du temps, due à un éparpillement, à une sollicitation de notre attention qui nous décentre et parfois nous égare.

Les comportements consommatoires laissent peu de place à un espace de rêve ou d'accueil dans lequel viendrait se loger l'inattendu ou se bercer la part de mystère qui est au cœur de toute vie. Car les planifications, les programmations et les organisations de toutes sortes empêchent l'improvisation et limitent considérablement l'accueil de l'imprévisible.

Nous passons trop souvent à côté des petits miracles

21

du quotidien. Il semble que nous ayons de moins en moins de temps pour nous arrêter, accueillir, accompagner un événement, amplifier une rencontre qui aurait pu se révéler à nous plus riche, plus chargée de possibles et de découvertes et transformer notre regard ou notre relation au monde.

L'histoire de l'humanité peut s'entendre comme la tentative, pathétique et souvent couronnée de succès, de l'homme à exercer un pouvoir sur son environnement, pour le modifier, le soumettre à ses besoins ou à ses pulsions ! C'est ainsi que s'est développé au cours des siècles, sur la quasi-totalité de la planète, à l'exception de certaines cultures plus conviviales, semblables à des oasis, un ensemble de relations à base d'exploitations et de prédations non exemptes de violence, d'injustices et d'abus !

Le cheminement de l'homme occidental est en ce sens malheureusement exemplaire et il semble, par contagion, devenir une référence pour l'ensemble des autres peuples de la planète, dont beaucoup s'arment, se perdent dans la corruption, violentent les individus, détériorent les ressources naturelles, et se structurent en dictatures qui se reproduisent d'un coup d'État à un autre.

Nous constatons cependant qu'au-delà de l'emprise politique, des comportements et conditionnements socio-culturels bien établis, il existe des démarches originales, des engagements et des choix de vie plus souples, plus conviviaux, plus respectueux envers la nature et envers autrui. Il existe de plus en plus de femmes et d'hommes qui ont le souci de prendre en charge la qualité de leur existence, et cela bien au-delà de la culture du moi (qui paraît à certains porteuse de trop d'égocentrisme ou de narcissisme). Culture non de l'ego, mais d'une affirmation, d'une responsabilisation qui s'est développée dans les quatre dernières décennies. Un mouvement profond pour tenter de se réapproprier un pouvoir de vie, une autonomie plus grande pour répondre, par soi-même, à ses propres besoins relationnels.

Ainsi l'abandon, le lâcher-prise, une plus grande liberté d'être que certains recherchent, peuvent être assimilés à un renoncement du contrôle et par là même à une diminution des contraintes sur eux-mêmes et sur leurs proches. Ce n'est plus la maîtrise du futur immédiat qui est recherchée, mais une plus grande conscientisation de l'instant. Une manière d'entrer dans le mouvement de la vie au présent, de l'accompagner en respectant son rythme et ses ressources.

Certains vont donc prendre plus de temps pour s'arrêter, accueillir, amplifier, se laisser pénétrer par un événement, ou dynamiser par une rencontre chargée de possibles et accepter ainsi de se laisser influencer, de transformer leur regard ou leur relation au monde.

Accueillir l'imprévisible suppose une double disponibilité vis-à-vis de nous-mêmes et vis-à-vis d'autrui.

Vis-à-vis de nous-mêmes, quand nous ne cultivons pas l'autoprivation, quand nous sommes bien ancrés dans le présent, quand chacun de nos actes est en cohérence avec nos ressentis et nos valeurs, quand nos énergies ne sont pas mobilisées à gérer des situations passées ou à nous défendre contre des situations agressives du présent.

Vis-à-vis d'autrui pour accepter de nous confronter à lui, sans chercher à le nier ou à le réduire, pour nous laisser éventuellement influencer pour agrandir notre propre champ d'action, pour mieux exister dans notre différence.

Cela suppose aussi un bon ancrage et une capacité à se faire confiance. C'est par la confrontation que peut naître le surgissement d'une créativité et d'une liberté d'être qui n'avait pas pu être envisagée jusque-là et qui va nous étonner et nous transformer.

« Comment un miracle peut-il arriver ?
En sachant l'accueillir », disait ma grand-mère.

À la recherche de nos origines

Il arrive toujours un moment dans un parcours de vie où nous sommes interpellés, appelés par un besoin, qui vient de loin, de retrouver nos origines.

Que nous ayons ou non des parents connus ou que ceux-ci soient inconnus, nous allons un jour commencer à poser des questions à la génération directement au-dessus mais aussi à nos grands-parents. Des silences, des non-dits, des secrets existent dans beaucoup de familles et, pour la plupart, ils remontent à la surface de façon directe ou indirecte ou se dévoilent en particulier à l'occasion des mutations familiales : engagements amoureux, mariage, divorce, nouvelles naissances, perte d'un enfant, retrouvailles avec des amis d'enfance...

« À trente-huit ans, j'ai éprouvé le besoin de demander à ma mère si elle avait aimé un autre homme que papa. Elle me regarda avec stupéfaction, se cacha les yeux et éclata en sanglots. Quelques minutes plus tard, elle me révéla que je n'étais pas la fille de mon père, mais celui d'un amour caché, un amour impossible avec un homme déjà marié.

J'ai recherché cet homme et, en retrouvant mon géniteur, c'est tout un pan de ma propre histoire qui s'éclairait. Il était professeur de dessin (je suis devenu professeur d'arts plastiques) et passionné de jazz tout comme moi-même ! »

« *J'étais un enfant naturel, avec un père de remplacement très présent, qui était le mari de ma mère et qui tenait bien sa place de père. Dans mon enfance donc, je n'avais jamais éprouvé le besoin de rechercher mon géniteur. À la naissance de mon premier enfant, ce besoin s'est réveillé, j'ai posé quelques questions à ma mère, sans obtenir de réponses satisfaisantes. Et, ainsi, à chaque naissance (j'ai eu cinq enfants), je l'interrogeais sur mes origines mais sans plus. Quelque vingt-cinq ans plus tard, quand ma première fille eut un enfant à son tour, ce besoin de me relier à mes origines se réactualisa.*

Et là, j'ai enfin eu une piste qui m'a permis de retrouver et de rencontrer mon père biologique.

Ce fut une succession de découvertes extraordinaires. Les coïncidences, les événements, les analogies et les parallèles qui se révélaient soudain à moi prenaient sens, qui comme autant de morceaux de puzzle s'emboîtèrent pour former un tout cohérent et donner soudain à ma vie une unité inattendue... »

En se reliant à son histoire, on donne consistance, cohérence à toute son existence, en retrouvant des lieux, des événements qui vont confirmer ou infirmer telle ou telle décision importante de notre vie.

Cela nous permet d'entendre enfin le sens de nos

fidélités, des missions, des obligations ou des injonctions qui ont jalonné notre parcours. Ces démarches ont un pouvoir libérateur considérable, un impact puissant pour nous sortir des nombreuses contradictions qui parfois nous déstabilisent et nous permettent de nous réconcilier avec le meilleur de nous-mêmes.

La quête des origines permet aussi une transmission, assure un continuum pour nos enfants.

Pour le quarantième anniversaire de ma fille, qui réunissait tous mes enfants, j'avais préparé un grand panneau pour leur parler de leur grand-père paternel. Ils avaient eu un grand-père maternel pittoresque, extrêmement attachant, autour duquel circulaient mille anecdotes et légendes. Mais ils ne savaient rigoureusement rien sur mon propre géniteur, que j'avais retrouvé avec beaucoup de difficultés à cinquante ans. J'ai pu leur dire l'incroyable odyssée d'un homme qui n'avait pas pu reconnaître son premier enfant, moi ; mais qui en avait reconnu successivement quatre, qui n'étaient pas de lui, et qui en avait conçu cinq de plus ; qui avait dirigé une exploitation forestière en Afrique et avait été intégré à la résistance allemande contre Hitler... Mes enfants m'ont posé plein de questions et j'ai eu le sentiment que quelque chose se consolidait entre nous...

Aller vers ses origines, c'est accepter de prendre racines, de s'ancrer, de s'inscrire dans une aventure qui va nous dynamiser, avec des engagements et des positionnements plus clairs.

Ma mère ayant été abandonnée, j'avais rêvé, enfant, de retrouver sa mère. Je voulais à tout prix retrouver cette inconnue qui, le 21 décembre 1915, avait déposé une petite fille de quelques heures à l'Assistance publique de Toulouse. Et durant toute mon enfance, j'ai ainsi imaginé le jour glorieux où j'arriverais à la maison en disant : « Maman, j'ai retrouvé ta maman. » La réalité ne m'a pas rejoint, mais en enfant fidèle, j'ai quand même inventé une grand-mère symbolique pour en faire le cadeau à ma mère. Grand-mère que je cite en conférence et dans mes ouvrages, pour lui donner ainsi un peu de vie dans ma propre existence.

La recherche de nos origines, l'approfondissement des interrogations autour de nos grands-parents ou arrière-grands-parents me semblent être une étape de maturation, une inscription plus forte dans l'ici et maintenant de chacun. Elle est capable de susciter un renforcement au présent, plus de vie dans notre existence, et donc de nous donner la possibilité d'oser être un peu plus heureux.

Les naissances d'une vie

Aussi loin que je remonte dans mon histoire, j'ai le sentiment que ma vie n'a été qu'une succession de naissances. Chacune de ces naissances correspondait le plus souvent à une crise suivie d'une ouverture, m'entraînait à des prises de conscience qui débouchaient sur des choix de vie nouveaux.

Ainsi toute mon existence a été traversée de bouleversements, d'accouchements et de mises au monde qui m'ont fait naître, avec des intensités diverses, à l'homme que je suis.

Ce sont quelques-unes de ces naissances que je voudrais évoquer, car chacune d'entre elles est à la fois un point d'ancrage, une source d'expansion et un appel à plus de vie.

L'enfant que j'ai été, l'homme que je suis devenu, que je deviens chaque jour est le résultat de chacune de ces naissances.

Aujourd'hui ma passion pour les relations humaines reste toujours aussi vive, tenace, mon utopie toujours actuelle, encore plus vitale que jamais, pour que se développe en chacun l'exigence d'un apprentissage à la communication relationnelle. Et si je rêve, si je me bats pour qu'on apprenne un jour la communication à l'école, au même titre que le calcul, l'histoire, la géographie ou le français, je le dois aux rencontres, aux étonnements, aux découvertes qui ont surgi à tous les âges de ma vie.

Il y a encore, je le sens bien, d'autres gestations à engranger, bien d'autres naissances à venir, bien d'autres expériences à vivre, mais celles-ci pourront s'appuyer sur quelques balises, sur quelques points de référence, sur quelques repères fermes que j'ai découverts au cours de toutes ces années passées à me mettre au monde.

Ma grand-mère disait :
« À défaut de père, il faut avoir des repères. »

Ainsi j'ai en moi, profondément inscrits, quelques points d'ancrage, des règles de vie auxquelles je tente d'être fidèle, que je respecte en priorité quelles que soient les autres urgences ou les contraintes qui peuvent peser sur moi. Voici quelques balises qui me sont précieuses :

• Une admiration et un étonnement sans limites pour les enfants et leur combat pour devenir autonomes, adultes, créateurs.
• Un respect profond des femmes, de leurs exigences et de leur courage, de leur mystère et de leur générosité.
• Le souci permanent de me responsabiliser face à tout ce qui m'arrive.
• La croyance aujourd'hui inébranlable que je suis por-

teur, comme chaque être humain, d'un cadeau fabuleux, celui de la vie que j'ai reçue en dépôt dès ma conception.

Ce cadeau spirituel, immatériel mais très réel, fait d'une parcelle, peut-être infime, mais importante, d'énergie et d'amour universel. C'est une croyance que j'ai, sur laquelle j'ai plaisir à m'appuyer et qui, chaque jour de ma vie, m'a conforté. Je sais qu'il m'appartient, comme à tout homme et à toute femme, d'agrandir avec le plus de liberté possible ce don reçu.

En effet, il est bien de ma responsabilité, vis-à-vis de ce que je considère comme un cadeau, soit de simplement le consommer, de dépenser sans autre condition cet amour, cette énergie, soit de l'amplifier, de l'agrandir et de l'offrir autour de moi.

Et suivant l'un ou l'autre des choix que j'aurai faits, au moment du passage vers un au-delà ou un ailleurs différent qui marquera la fin de mon cycle de vie, je pourrai rendre à l'univers, à la masse commune, ce qui pourrait être le fonds commun de l'humanité, cette parcelle d'énergie et d'amour, diminuée ou enrichie, que j'ai reçue en dépôt à l'aube de ma vie.

Conscientiser que notre vie n'est qu'une succession de naissances aura comme conséquence directe de nous inviter à nous prendre en charge, à nous responsabiliser dans tous les actes de notre vie, pour nous engager et agir afin d'accéder au meilleur de soi.

Ces naissances, qui jalonnent toute existence, sont

nombreuses, multiformes, imprévisibles, étonnantes et si diversifiées qu'elles suscitent chaque fois émerveillement et enthousiasme au-delà de la détresse, du désarroi et de la remise en cause qu'elles provoquent.

• **Naissance au conflit**

Une des toutes premières naissances conscientes de mon histoire, dont je me souviens encore avec émotion, fut la naissance au désarroi, à la jalousie, au chaos, avec l'arrivée de mon frère. J'avais quatre ans et, brusquement, mes repères familiers ont disparu. La présence de ma mère, qui était surtout pour moi une maman, n'était plus la même, les odeurs, les bruits ou le rythme de la maison avaient changé. J'avais soudain le sentiment que je ne valais plus rien, que personne ne pouvait m'aimer, surtout pas ma mère, « puisqu'il n'y en avait que pour lui », pour cet intrus qui venait de faire irruption dans mon univers.

À présent je sais bien, avec ma tête, que j'ai été très aimé, que je n'ai manqué d'aucun soin, mais dans mon ressenti d'enfant de quatre à cinq ans, j'ai vécu cette dépossession de ma maman, cet envahissement de mon univers par mon frère comme une injustice terrible.

Deux photos, gardées précieusement dans l'album familial, témoignent de cette période. Sur l'une, un petit garçon en costume de marin, blond, souriant, adorable : « Qu'il est gentil, quel trésor, on le croquerait tellement il est mignon » sont les paroles que j'entendais au-dessus

34

de ma tête. Sur l'autre photo, j'ai les cheveux rasés, j'ai l'air d'un bagnard ou d'un mendiant avec un vieux manteau, les poings dans les poches, les yeux durs et la bouche violente... Entre ces deux photos... mon frère est né. Ce fut pour moi une naissance douloureuse, qui me fit découvrir que des sentiments négatifs parasitaires, avec un pouvoir destructeur sans aucune mesure avec la réalité, peuvent envahir la totalité d'un espace de vie quand nous croyons ne plus être aimés. Car même si ma mère se partagea entre mon frère et moi, qu'elle fut à mon égard présente, attentive et aimante autant que cela se pouvait pour elle, car elle n'avait que deux bras, la perception douloureuse qui m'habitait était que c'était inacceptable !

• Naissance à l'amitié

À sept ans, le fils de notre voisin le plus proche, Marcel, est devenu mon meilleur ami. Un ami « à la vie à la mort », comme nous disions entre nous.

Avec lui, j'ai découvert la confiance, l'engagement dans la parole donnée, la solidité d'une amitié, la sécurité que donne l'acceptation inconditionnelle, la fiabilité indestructible d'une amitié au quotidien. J'étais aimé et accepté tel que j'étais, et non tel qu'on aurait voulu que je sois.

Nous étions inséparables, je veux dire respirant lui et moi les mêmes rêves, traversant les mêmes émotions, s'émerveillant des mêmes découvertes. C'était lui et

35

c'était moi, nous traversions la vie, immortels, si confiants l'un en l'autre.

Je vivais dans un quartier populaire et les guerres d'enfants étaient fréquentes : rivalités de territoires, de modes, de héros. Combien de fois ne m'a-t-il pas tiré d'un mauvais pas, d'une situation difficile. Nous étions deux contre tous les autres. Nos imaginaires s'affrontaient, nos tentatives d'affirmation se combattaient plus que nos corps, mais quelquefois la violence nous emportait, surgissant comme malgré nous, et nous entraînait bien au-delà de nos possibles.

J'ai ainsi perdu une dent au cours d'une bagarre à la fronde et mon corps garde la trace de nombreuses cicatrices... de cette époque. Mais mon ami Marcel était là, fidèle, solide, me protégeant des risques de la vie.

• **Naissance à l'amour**

J'avais huit ans, elle s'appelait Michèle, elle habitait tout près de chez nous.

Je n'ai jamais retrouvé la force des émois qui habitaient mon corps à cette époque. Quand je la voyais traverser la rue pour aller à l'école le matin, je faisais un grand détour pour ne pas passer devant l'école des filles. Car les filles représentaient pour moi une espèce inquiétante. Elles déclenchaient très fort en moi des sentiments de doute, de pudeur, de gêne quand j'essayais d'imaginer à mon désavantage toutes les différences qu'il y avait entre elles et moi.

Que d'émois, que de troubles quand je croisais Michèle, jamais par hasard car je guettais chacune de ses sorties. Alors le temps d'un seul coup se distendait, l'air devenait plus vif, plus clair, toutes les forces de la nature semblaient en éveil, prêtes à faire éclater mon corps soudain trop étroit. L'univers devenait une fête dont j'étais le seul spectateur.

Ainsi à l'église, que nous fréquentions elle et moi, le moment le plus exquis était pour aller à la table de communion. C'était l'époque où les filles étaient d'un côté, les garçons de l'autre... Je m'arrangeais pour être rigoureusement, sur le banc opposé, à la place symétrique de la sienne, prêt à déclencher un scandale si un autre enfant avait prétendu « retenir » cette place avant moi. Et quand nous marchions l'un près de l'autre, sur quelques mètres, pour aller ensemble recevoir l'hostie, j'étais tremblant, troublé, dans un quasi-état de transe. Depuis, je n'ai jamais retrouvé cette intensité surtout des sentiments et des émotions qui m'ont traversé à ces moments-là. L'inouï de ce ressenti est à jamais inscrit en moi.

• Naissance à la lecture et à la relation

À neuf ans, j'ai été atteint par la tuberculose osseuse et je suis parti en sanatorium dans les Pyrénées à mille huit cents mètres d'altitude. Je suis resté couché durant quatre ans, dans le plâtre, des pieds à la poitrine, avec pour seul paysage une montagne immobile appelée le Cambre-d'Aze, le dos d'âne, qui barrait l'horizon...

C'est là que j'ai découvert la lecture. Mes parents étaient d'origine extrêmement modeste. Ni l'un ni l'autre n'avaient fait d'études, quelques rudiments d'écriture, de calcul et beaucoup de bon sens, voilà tout leur bagage culturel.

Ils avaient le sentiment du sacré et de la vérité infaillible devant la chose écrite : « Ce doit être vrai puisque c'est écrit », disait ma mère.

En sanatorium, où je ne me déplaçais que sur un lit roulant, j'ai découvert cette fabuleuse liberté que donne la lecture. Plus qu'une évasion, c'était la liberté de s'identifier aux héros, de créer des mondes, de ciseler des situations ou d'inventer la vie. Quelle période merveilleuse ! Et je surprends mes proches, souvent, en évoquant le bonheur de cette séquence de vie où, immobile, je jouissais pourtant d'une liberté rare, celle de rêver, de voyager dans ma tête.

• Naissance au partage

Pendant longtemps j'ai été une sorte de barbare. Quand je revois mon adolescence, je n'en perçois qu'une série d'humiliations, d'injustices, d'incompréhensions, qu'une succession de passages à l'acte ; je vivais en permanence dans le réactionnel. J'étais un véritable infirme relationnel, un handicapé des mots, un invalide de la communication, qui ne savait s'exprimer que par des comportements atypiques ou déviants. C'est à cette époque que j'ai bien compris que la violence est un langage, le langage de la détresse, du désespoir ou de l'impuissance.

J'ai découvert tard le pouvoir des mots et des idées. C'est dans le scoutisme, chez les Éclaireurs de France, que je suis entré dans le plaisir de l'échange et du partage, autour de discussions interminables sur l'amour, la mort, la vie, les filles, les voyages. Ma vie s'est soudain agrandie. Tout devenait sujet à échanges, à partages, à confrontations et à interrogations.

• Naissance au savoir

Dès mes premières confrontations avec le monde du travail, j'ai vécu quelques rencontres structurantes qui ont été autant de révélations et de prises de conscience sur mes manques, autant d'ancrages pour me construire et me permettre l'accès à un savoir plus réel, qu'il fallait rechercher au-delà du monde des apparences. Cela commença avec le début d'une thérapie analytique.

Jusqu'alors je possédais des savoirs, des savoir-faire, j'avais quelques diplômes et je croyais, jeune adulte, que cela suffisait pour se lancer dans la vie, pour tout comprendre, tout maîtriser et réussir !

J'envisageais la conquête du monde en termes de pouvoir, d'influence et surtout comme la confirmation d'une reconnaissance qui m'était due. Le besoin d'être reconnu, valorisé, confirmé, a structuré une grande part de mes relations aux autres, et par là même engagé toute mon existence dans une direction que je n'ai plus quittée.

Avec ce premier parcours thérapeutique, j'ai apprivoisé les balbutiements d'un savoir-être, j'ai amorcé les premiers pas d'un savoir-devenir qui m'ont conduit, au travers d'une longue quête, vers une éducation à la conscientisation qui m'avait fait si douloureusement défaut, jusqu'à mes vingt ans.

• Naissance à l'amour en réciprocité, à la sexualité

Aimer n'est pas suffisant, être aimé en retour est mieux. Se découvrir aimé, et aimant, c'est faire les premiers pas sur un chemin de perfection. Se vivre désirant, désiré, quelle révolution dans la vie d'un être ! Être amoureux est un état particulier qui nous donne une vitalité, une énergie, une créativité rare. Se sentir aimé, c'est découvrir des potentialités inexplorées, c'est s'éveiller au divin, c'est, d'une certaine façon, accéder au meilleur de soi. Avoir pu s'abandonner à la rencontre sexuelle, à la fête des corps, rassembler autour d'un seul être des sentiments, des désirs, des émotions, une immense sensation de bien-être, une infinie douceur, dans la confiance la plus totale, fut une découverte centrale, autour de laquelle l'essentiel de mes énergies convergea. Mais ce n'était que le début d'un long apprentissage pour découvrir, plus tard, les possibles et les limites cachés dans les labyrinthes de l'amour.

• Naissance à la créativité

À vingt-deux ans, j'ai cessé brusquement mes activités dans l'éducation spécialisée, après avoir été expert-comptable (ce qui fut mon premier choix professionnel). Je suis devenu potier, sculpteur sur bois et métal. Et, pendant deux ans, j'ai habité en vallée de Chevreuse, dans un endroit magique, un manoir romantique à tourelles, construit à la fin du XIXe siècle et offert (par celui qui allait devenir Édouard VII) en cadeau d'adieu à sa maîtresse, une princesse russe, qui s'exila pour lui. Trois cents hectares de forêt, de silence surtout, avec un ciel changeant à chaque instant.

J'ai vécu dans l'odeur d'une terre gorgée d'humus, dans une effervescence incroyable. Je m'éveillais chaque matin avec mille idées et dix projets à réaliser d'urgence, le besoin de m'affronter à la matière, à l'argile, à la pierre, au bois, au métal, d'être dominé par elle dans un premier temps, puis de la soumettre, de la transformer, de la magnifier (du moins je l'espérais). Je garde de cette période comme un réservoir d'énergie inépuisable, une potentialité toujours vive à affronter l'imprévu.

Venant d'un milieu populaire où rien ne m'a jamais été donné, où tout était à conquérir, il me semble que je m'étais construit à partir de manques à combler, de difficultés à traverser, d'obstacles à vaincre. Il m'est resté de cette période le goût de la confrontation, du dépassement.

Si, dans un premier temps, je me sens ébranlé, soit

par un refus ou un rejet, soit par une critique ou une mise en cause, dans un second temps j'affronte la situation et je me bats. Non pour gagner sur l'autre ou convaincre, mais pour retrouver le respect de moi, en continuant à m'affirmer et à me positionner.

• Naissance à la paternité

J'ai conçu mon premier enfant, une fille, à vingt-trois ans. Mais je ne suis devenu père que bien plus tard. C'est ma fille qui m'a transformé dans un premier temps en papa, puis en père.

Elle avait six mois et, pour la déposer chez sa nourrice, je traversais soir et matin, à pied, trois kilomètres de forêt. Je la tenais contre ma poitrine, dans une espèce de sac que j'avais fait pour elle, et durant tout le chemin, elle gazouillait constamment, me parlait, surtout avec ses yeux, avec des gestes chaque jour inventés, elle captait mon attention, m'invitait au partage.

Elle m'a appris à écouter, à donner, à recevoir et à dire non, aussi, bref à me définir. Elle m'a ouvert à tout le b-a ba de la communication ; c'est avec elle que j'ai commencé à découvrir l'échange et le partage avec un enfant et, par la suite, avec mes autres enfants, à approfondir ce que j'appelle aujourd'hui une relation d'intimité dans la réciprocité.

• Naissance à une parole personnelle

Il faut parfois parcourir un long chemin de tâtonnements et d'affirmations pour naître à sa propre parole. Nous avons tous été dépossédés de notre parole par ceux qui étaient censés nous la donner : nos parents. En parlant sur nous, en nous dictant le plus souvent quels devaient être nos besoins, quels sentiments nous devrions éprouver, quels comportements avoir ou ne pas avoir, ils nous ont, sans toujours le savoir, dépossédés de la possibilité de reconnaître et de dire un ressenti personnel, d'affirmer des choix, de valoriser des idées ou de concrétiser des actes créateurs… Nous nous sommes construits, pour la plupart d'entre nous, sur ce type de malentendu : notre entourage nous infantilisant en pensant à notre place ce qui était bon ou pas bon pour nous !

C'est vers trente-deux ans que j'ai découvert une parole qui m'était propre, que je pouvais reconnaître comme mienne, que j'entendais pour la première fois dans mes oreilles des mots qui venaient de moi et qui m'appartenaient. Des mots qui n'étaient pas empruntés à d'autres. Une parole personnelle que j'avais envie d'offrir et de confronter à celle de l'autre.

C'est dans cette période de trente à trente-cinq ans que j'ai accédé, en quelque sorte, à l'homme que je suis, en renonçant aux rôles attribués, aux modèles prévus pour moi, en sortant des injonctions, en renonçant à l'approbation de l'autre.

Oui, il m'a fallu attendre d'arriver au tiers de ma vie pour découvrir combien je vivais dans la non-affirmation, combien j'étais un ex-enfant conformiste, fidèle, chargé de loyautés, de missions de restauration que je devais mettre en œuvre en priorité dans ma propre existence. Fidélités exigeantes qui me dépossédaient de mes propres choix de vie.

Il faut aussi que je mentionne une naissance importante, la naissance à l'écriture vers trente-cinq, trente-six ans. Après une rupture faisant suite à une relation amoureuse trop fusionnelle, j'ai éprouvé le besoin impérieux de me dire, d'être entendu, d'être reconnu. Comme une immense fringale insatiable de témoigner, fringale qui ne semble pas d'ailleurs totalement apaisée, même après quelque cinquante ouvrages publiés.

Le résultat de cette naissance à l'écriture fut un roman

au titre symbolique, *Je m'appelle toi**. Ce livre m'a valu un courrier considérable ; des dizaines de personnes, des femmes surtout, se sont reconnues, dans l'aventure amoureuse que je décrivais et l'émotion qu'elle déclenchait en elles.

Certaines même m'ont agressé, me reprochant de me cacher sous un nom d'homme, car « seule une femme, disaient-elles, pouvait avoir décrit avec autant de vérité le vécu intime d'une femme amoureuse... » !

Bien sûr j'avais déjà déposé très tôt, sans jamais les faire lire, encore moins les publier, les gardant au secret de la pudeur, dans des cahiers d'écolier, les pensées et les poèmes que je croyais si importants, si vitaux, que personne d'autre que moi ne devait les lire.

Après ce roman, qui fut à la fois un travail de libération et de conscientisation très important, je n'ai plus cessé d'écrire. Dans un souci de rigueur, de cohérence, pour mieux cerner le fil conducteur de mon travail de formateur.

J'ai beaucoup écrit sur les quatre grandes relations qui structurent la vie de tout être humain :

• Sur la relation à soi-même. Comment être un bon compagnon pour soi et par là même pour autrui, comment apprendre à se définir, à se positionner, à se respecter, à se donner une valeur, bref à s'aimer.
• Sur la rencontre amoureuse et la relation de couple, qui parfois en découle, avec un projet de vie en commun.

---

* Albin Michel, 1990.

- Sur la relation aux enfants. Quand on en a, car ils nous prolongent, ils sont l'avenir de l'humanité et peut-être notre part d'éternité. Relation essentielle car elle nous renvoie sans arrêt à l'ex-enfant qui est en nous. Le propre d'un enfant, c'est sa capacité à pouvoir réveiller avec une ténacité incroyable et un courage étonnant les blessures cachées, non dites, de notre histoire. Et nous obliger ainsi à entreprendre, souvent, un travail sur nous.
- Sur la relation à nos propres parents, pour nous les ex-enfants devenus adultes. Relations toujours chargées de difficultés, habitées de contentieux, porteuses de contradictions entre les sentiments et la nature de la relation trop souvent faite de tentation de leur part (ou de la nôtre) d'une mise en dépendance, quel que soit notre âge. Relations fréquemment énergétivores, qui doivent être sans cesse balisées et clarifiées !

Par la suite, bien d'autres naissances sont arrivées dans ma vie, avec la découverte inouïe de quelques-uns de mes possibles, comme la naissance aux désirs, aux contradictions, aux fidélités, aux séparations et aux ruptures qui ont jalonné les rencontres significatives de mon existence :

- Une naissance qui fut fondamentale consista à m'extraire, à « sortir » des contes, des constructions idéalisées (ou diabolisées) que je m'étais racontés dans mon enfance pour survivre, pour faire face, mais qui s'étaient révélés par la suite, à l'âge adulte, oppressants et aliénants.

Pour inscrire en moi ces confirmations successives : Je suis, à chaque instant, responsable de ma propre vie. Je suis partie prenante de tout ce qui m'arrive et il m'appartient chaque fois d'être conscient de ce que je vais en faire.

Il ne faut pas oublier que nous vivons encore aujourd'hui dans une culture messianique où nous attendons du ciel, d'un sauveur, d'un événement, de l'autre, qu'il fasse pour nous, qu'il apaise notre souffrance, qu'il donne la réponse ou la solution. Cela constitue un conditionnement qui pèse fort sur nos conduites et notre position face aux autres.

• Naissance à la réconciliation, à l'unification de soi : nous sommes porteurs de nombreuses situations inachevées, nous avons trop souvent engrangé, au cours de notre histoire, des blessures liées aux messages toxiques ou disqualifiants, aux violences reçues de la part d'un environnement plus ou moins compréhensif.

Je crois aujourd'hui que ce sont ces violences déposées très tôt qui entretiennent les blessures de notre histoire et qui sont à l'origine des souffrances actuelles, qui se réveillent parfois avec une brutalité ou une soudaineté qui nous surprennent et nous empêchent surtout d'accéder aux possibles du bonheur et du bien-être.

• Naissance au symbolique, c'est-à-dire commencer à avoir accès au sens caché des choses et des événements et approcher ainsi la part de divin qui est en nous.

Certains placent le divin au-dessus, au ciel ou dans le cosmos, ils lui donnent un nom, lui consacrent des rituels, l'appellent ou l'apaisent par des prières. Pour ma part, je crois que le divin est en chacun de nous et qu'il est constitué de ce noyau, de cette particule indestructible qui relie chacun à l'essence même de l'univers.

**Aujourd'hui, par méconnaissance,
beaucoup d'entre nous sont
des infirmes du divin,
des handicapés du sacré.**

J'ai effleuré ainsi quelques-unes des naissances qui ont jalonné ma vie. J'ai touché du doigt ce qui me semble le fil rouge d'une existence humaine : se donner les moyens d'accéder au meilleur de ses possibles, devenir soi.

Je n'ai pas donné la clé du bonheur, car je ne la possède pas. J'ai seulement déposé quelques petits cailloux blancs pour parcourir de façon plus heureuse les chemins d'une existence unique : la nôtre.

Construire ou retrouver l'estime de soi

Il n'est pas facile de donner une définition simple et qui ne soit pas trop idéologique de ce que pourrait être l'estime de soi. L'estime de soi est la rencontre de plusieurs mouvements qui vont coexister ou se combattre à l'intérieur d'une personne, et cela au moins sur deux plans :

• Celui de la confrontation de l'image que l'on a de soi avec celle d'une image idéalisée que l'on voudrait avoir de soi-même.
• Celui de l'image de soi et des ajustements, des affrontements inévitables liés aux attentes et désirs de son entourage.

L'estime de soi touchera à :

• La capacité à développer de l'amour envers soi-même (ce qui est largement censuré dans notre culture, dans laquelle on nous demande d'aimer notre prochain et de le faire passer avant nous !). Il s'agira donc de dépasser la tentation d'une complaisance narcissique à s'aimer, pour s'ouvrir à un amour de respect, de bienveillance envers nous-mêmes.

• La capacité d'oser se faire confiance (alors que nous recevons beaucoup trop souvent des messages disqualifiants, de par le fait que notre entourage voit le plus souvent ce que nous n'avons pas fait et non tout ce

LE PROF M'A ENCORE MAL NOTÉ...
JE SUIS SÛR QU'IL NE M'AIME PAS !

que nous avons fait !). Pour pouvoir s'appuyer sur ses ressources, être conscient de ses limites, accepter sa vulnérabilité.

- La capacité à s'affirmer et à se positionner, ce qui suppose de se reconnaître une certaine valeur (en ayant le sentiment d'avoir une place qui compte pour les personnes significatives de l'entourage, et la confirmation qu'une partie de ce que nous faisons est reconnue, appréciée, validée).
- La capacité à ne pas dépendre entièrement du regard des autres sur soi ou de l'intérêt qu'ils peuvent nous porter !

Comme chacun pourra l'observer en soi et autour de soi, ces différentes composantes sont rarement présentes, d'où, pour beaucoup d'entre nous, une certaine difficulté à avoir une estime de soi minimale.

L'estime de soi va s'inscrire chez un enfant et plus tard se consolider chez un ex-enfant qu'on appelle un adulte, à partir de plusieurs facteurs qui seront présents ou pas dans son histoire :

- D'une part, de la qualité de ce que j'appelle le *biberon relationnel*. Le biberon relationnel est constitué par l'ensemble des messages envoyés dans notre direction par notre entourage proche (papa, maman ou ceux qui nous ont élevés, également par les enseignants et les autres personnes significatives de notre histoire : partenaires amoureux, amis, collègues de travail...). Pour constituer un bon ancrage dans l'estime de soi, il est nécessaire que l'essentiel de ces messages soit positif, gratifiant, confirmant.

- D'autre part, l'estime de soi se validera avec la qualité des expériences vécues, c'est-à-dire par la façon dont chacun d'entre nous aura accueilli, amplifié, dynamisé les messages qu'il a reçus et les aura intégrés dans une réussite et validés par un résultat.

Le facteur favorable à l'émergence de l'estime de soi est un environnement stable, sécurisant, réceptif aux attentes (sans pour autant confondre les besoins et les désirs). Un environnement qui ne pratique pas la culpabilisation, la disqualification, le chantage, la menace, un entourage qui puisse répondre aux grands besoins relationnels de tout être humain (besoin de se dire, d'être entendu, d'être reconnu et valorisé, besoin de disposer d'une intimité et de pouvoir exercer une influence sur son environnement proche).

Les facteurs destructeurs de l'estime de soi seront, pour les plus archaïques, principalement liés à des doutes sur nos origines : « Est-ce que mes parents m'ont désiré ? », « Sont-ils bien mes géniteurs ? », « Me reconnaissent-ils vraiment comme le garçon qu'ils attendaient ou comme la fille que je suis ? » La non-reconnaissance par ses géniteurs, le rejet par le père ou la mère ou encore l'exposition trop fréquente à des messages toxiques, ne favorisent pas l'inscription d'une bonne image, d'une estime positive de soi. L'expérience de l'injustice, de l'humiliation, de la soumission imposée sera aussi un des facteurs aggravants qui vont blesser l'estime de soi et l'empêcher de se développer.

Ce sera aussi, plus tard, les risques d'un engrenage mortifère autour de jugements de valeur disqualifiants, de violences ou d'atteintes à l'intégrité physique et psychologique.

Chacun des parents peut aider de façon très concrète un enfant à construire et à développer une estime de soi, en gardant à l'esprit le schéma suivant qui devrait lui permettre de respecter quelques règles d'hygiène relationnelle :

- Percevoir que, dans une relation, nous sommes toujours trois : l'autre, moi et la relation. Que cette relation a deux extrémités et qu'il nous appartient de ne pas parler sur le bout de l'autre, mais de se définir clairement à son bout en termes d'apports (« Voici ce sur quoi tu peux compter venant de moi »), d'attentes (« Voici quelles sont mes attentes ») et de zones d'intolérance (« Voici ce qui sera blessé et profondément atteint en moi »).
- Ne pas entretenir une collusion entre sentiments et relation et percevoir ainsi une différence entre la personne et son comportement : « Je t'aime toi, mais je n'apprécie pas ce que tu as fait. »
- Être conscient que, si j'envoie des messages positifs, cela nourrira la vivance de la vie chez l'autre, dynamisera ses énergies, confirmera son amour pour lui-même et son estime de soi. Et que, si j'envoie trop de messages négatifs, je peux blesser la vivance de sa vie, rendre ma relation énergétivore pour lui et ainsi inhiber l'amour et l'estime qu'il pourrait avoir pour lui-même, en suscitant des doutes, de la non-confiance, des blocages.

En résumé, l'estime de soi est une des composantes majeures dans la construction de tout être humain pour lui permettre de se relier au monde et de pouvoir vivre sa vie à pleine vie. Pour lui permettre également d'affronter avec plus de dynamisme, avec ses propres ressources, les différents écueils et les difficultés inévitables qu'il aura à traverser tout au cours de sa vie. L'estime de soi est un élément majeur pour accéder à l'autonomie et éviter d'entretenir la dépendance affective (envers les autres) ou les addictions (prise de drogue et autres poisons) avec lesquelles certains vont aliéner leur vie.

Nourrir sa vie

Le propre du vivant sur la planète Terre, c'est qu'il a besoin d'attentions, de respect et de soins.

Dans notre culture, nous ne semblons pas considérer la vie comme une entité distincte de nous, ayant une spécificité qui va au-delà de la parcelle de vie dont nous sommes porteurs. Elle ne représente pas pour la plupart d'entre nous un enjeu concret, palpable, à défendre et auquel se confronter.

Tout d'abord, il faudrait différencier la vie de l'existence, c'est-à-dire mieux conscientiser la façon dont nous conduisons l'ensemble de nos relations à notre environnement, de l'adéquation ou de l'accord plus ou moins équilibré qui peut exister entre nous et les autres.

La vie, pour beaucoup, semble acquise, installée et durable, le temps... d'une vie. Elle ne semble pas faire l'objet d'une relation particulière, d'une attentivité spéciale, sinon au travers de quelques soins élémentaires à notre corps, à nos besoins de survie autour de réponses répétitives, de vagues notions d'hygiène, de santé ou d'entretien physique élémentaire.

MAIS QUE VEUX-TU DE PLUS ?
TU AS UNE BELLE MAISON !
...USANTE, TROP GRANDE À ENTRETENIR
TU AS 2 BEAUX ENFANTS
... QUI ME PRENNENT POUR LEUR BONNE
JE T'OFFRE DE BELLES ROBES
... ET POUR QUI LES PORTERAIS-JE ? TU NE ME REGARDES PLUS...
ET DES VACANCES AUX ÎLES !
OUI MAIS À CAUSE DE TON TRAVAIL, NOUS PARTONS TOUJOURS SANS TOI...

La vie est pour certains une sorte d'évidence ou de fatalité qui pèse sur eux avec des représentations bienveillantes ou malveillantes : « Je n'ai pas une vie facile », « La vie ne me fait pas de cadeaux », ou encore « J'ai la baraka, la vie me sourit ces temps-ci ! », « La vie est une loterie, on perd, on gagne, on ne sait jamais sur quoi on va tomber ! »

Dans notre éducation, il y a peu de références à la nécessité d'un respect, ni à celle d'un éveil à l'émerveillement ou à une reconnaissance pour la vitalité, la richesse et l'incroyable diversité de ses manifestations. Aujourd'hui, au travers des violences et des autoviolences qui s'expriment dans le monde, ou qui sont vécues dans notre entourage proche, la vie ne pèse pas lourd. Cette directrice d'école maternelle me disait :

« Dans toute ma pratique depuis vingt-cinq ans, ce qui m'a blessée le plus et m'a confrontée à ma propre impuissance, c'est le regard étonné d'un enfant de six ans auquel je demandais, en insistant beaucoup, de mettre son blouson pour sortir dans la cour de récréation, et qui, tout en refusant, tentait de me fusiller avec un dragon en plastique en faisant "ta-ta-ta-ta" ! Je me souviendrai toujours de sa surprise – il ouvrait de grands yeux – parce que je ne me désagrégeais pas devant lui, que mon corps ne tombait pas en poussière comme dans les feuilletons japonais ou autres qu'il regardait quotidiennement. Le jour où cet enfant aura une arme, je peux imaginer que, si personne ne le confronte à une réalité frustrante, pas toujours gratifiante pour lui, sans état d'âme, il n'hésitera pas à supprimer la vie de

quelqu'un qui s'opposera ou n'entrera pas dans ses désirs.
C'est cela qui est effrayant ! »

Cela est effrayant surtout pour le devenir de ces enfants « du désir » qui ont été élevés par des parents qui ont oublié qu'ils devaient répondre à leurs besoins. Ces enfants plus tard auront du mal à accéder au plaisir d'exister, à la possibilité d'être heureux et en accord avec un environnement qui ne s'ajustera pas à toutes leurs demandes, qui ne comblera pas leurs attentes.

Tout se passe aujourd'hui comme si la vie n'était plus une valeur fondamentale entre les hommes, comme si elle avait perdu sa qualité essentielle qui est de rester vivante ! Il me semble qu'elle est galvaudée, maltraitée parce que méconnue, ignorée, coupée du réel, remplacée par un univers de fictions, de virtualités. Nous n'avons pas ou très peu de représentations symboliques de la vie. Nous n'avons pratiquement plus de rituels pour l'honorer, la reconnaître, l'accueillir ou la valoriser. Pas de fêtes pour la magnifier, pas de prières pour l'invoquer, pas de reconnaissance ni de gratitude pour la remercier de sa présence en nous et autour de nous.

Ce n'est que depuis quelques années que, chaque soir avant de dormir, je me pose la question : « As-tu maltraité ta vie ou celle de quelqu'un aujourd'hui ? » Que chaque matin je me tourne en direction du soleil levant pour une petite invocation timide et tâtonnante, inventée au cours des ans : « Que la vivance de la vie de cette journée se nourrisse de plus d'amour et d'énergie ! »

Il me semble qu'une des valeurs à respecter et à transmettre serait justement, à partir d'une meilleure conscientisation, de reconnaître que la vie de chacun d'entre nous, que la vie qui nous entoure, a besoin de notre compassion, de nos soins et de notre vigilance pour s'agrandir, se développer et nous rester bienveillante. À trop maltraiter la vie depuis si longtemps, mais aujourd'hui encore plus massivement et plus violemment qu'autrefois, nous risquons un appauvrissement, une stérilisation lente, une dévivance certaine et réelle de la vivance de la vie.

Apprenons à l'aimer un peu plus en nous,
pour la respecter mieux autour de nous.

Les petits bonheurs

Certains sont tout petits, quelquefois même si minuscules qu'une attention trop distraite les font se perdre à jamais. Je découvre, un peu ému, qu'ils sont tous précieux et j'aurais envie de dire indispensables à l'équilibre de ma vie.

Cette perle de rosée qui s'attarde sur la vitre de ma chambre, et qui scintille tel un diamant dans les premiers rayons du soleil, m'annonce ce matin que le printemps ne va pas tarder.

Petit bonheur que ce bouquet de violettes qui poursuit sa pousse, tout au bord du chemin, blotti sous les feuilles brûlées par les derniers gels. Et tous ces plants qui, pourtant laissés sans protection à la rigueur de l'hiver, se redressent, promesses de fleurs offertes à mon anticipation impatiente. Petit bonheur que le premier chant d'oiseau dans la nuit sombre et froide. Il est à peine quatre heures trente du matin et, dans le silence de la campagne endormie, un chant s'élève au loin. Me revient une comptine de mon enfance. Ma mère affirmait que le rossignol était de retour chaque fois qu'elle entendait les premières notes du chant de son oiseau préféré scander sans une seule erreur : « La raison du plus fort est toujours la meilleure ! » Ce matin je compte sur mes doigts, il y a bien douze pieds ! C'est bien lui ! Et un sourire de plaisir m'envahit, celui du bonheur retrouvé de mes croyances d'enfant, quand chaque certitude s'accompagnait d'une confirmation de ma mère, énoncée comme une évidence éternelle.

Ma chatte, malgré tous les interdits, est nichée au creux de mes reins. Sa présence tiède appelle ma main sur son pelage soyeux. De ses deux pattes, elle enserre mon bras. On dirait qu'elle me tient. Elle me lèche doucement, deux ou trois fois, c'est sa caresse à elle. Je la sens vibrer. Elle ne sait pas ronronner, elle vibre seulement. Pas de bruit, un murmure intérieur, subtil, qui emplit ma paume. Elle est heureuse d'être tout contre moi. Elle le dit à sa façon, c'est doux, c'est tendre, c'est bon. Et je peux même entendre, venant du fin fond de son enfance, une expression de ma fille cadette, quand elle disait : « C'est bon, c'est encore ! » Ce qui voulait dire : c'est tellement bon que cela ne doit pas finir ! De tels moments savent accompagner la nostalgie que je porte en moi, celle qui s'attache à tous les êtres chers, perdus, éloignés, disparus ou que je n'ai su garder proches.

Un autre instant doux, quand me revient en mémoire l'émotion d'une fin de vie, à l'imminence du départ ultime. Quand j'ai su dire à cet ami, considéré en phase terminale, tout contre son oreille : « Tu as le droit de mourir, tu sais, tu as le droit de nous quitter, d'aller vers cet ailleurs qui attend chacun d'entre nous… » Il a souri, a rapproché ma tête et a murmuré tout contre ma joue : « Je suis content que tu sois venu, jusqu'à la fin tu auras été fidèle à toi-même… »

J'aurais pu lui retourner cette parole, qui s'accordait si bien à ce que fut sa vie, à la façon dont il la conduisit, la respecta.

Un petit roitelet, avec sa houppette dentelée, est venu se poser sur le tremble-bonsaï de ma terrasse. Et sa présence, d'une intensité étonnante, a transformé soudain l'échelle de ma vision. Mon fidèle bonsaï, qui accompagne depuis quelques années mes écritures, si sensible à mes sautes d'humeur qu'il en perd parfois, pour me punir, toutes ses feuilles, est devenu soudain tout petit à mes yeux. À moins que l'oiseau minuscule ne se soit mué en géant des airs ! Je l'ai observé un moment sans bouger, laissant ma tasse de thé tiédir au creux de ma main. Ce roitelet matinal est superbe de vitalité. Son envol a créé soudain un vide. L'arbre nain a retrouvé sa taille normale, une goutte de résine ambrée a brillé de mille éclats au bout d'une branche, avant de glisser lentement sur la mousse du tronc. J'ai songé soudain à la présence de mes proches qui réveille en moi l'envie de donner le meilleur de ce que je suis, dont les stimulations sont des appels à me dépasser, à transformer les gestes du quotidien en actes d'amour.

Au cours de la journée, certains bonheurs arrivent même par la poste ! Des dessins, des textes, des attentions gratuites, bienveillantes, qui nourrissent ma relation avec tant d'inconnus. Je dépose quelques cartes, j'expose quelques textes avec lesquels je me sens en résonance sur un coin de fenêtre, pour accompagner la création du jour.

Des petits et grands bonheurs, je peux en trouver partout, même dans l'énorme sac-poubelle que je m'apprêtais à fermer, quand, pour rechercher une adresse que je croyais avoir déchirée, je l'ai vidé sur le tapis de mon bureau et découvert avec stupéfaction un bracelet de vieil argent. Cadeau d'anniversaire que j'avais fait pour les dix ans éblouis de ma fille, qui en a aujourd'hui trente et qui, au téléphone la semaine dernière, se désolait d'avoir égaré son bracelet lors de son dernier passage chez moi. Comment le bracelet a-t-il atterri dans le sac-poubelle, cela est un des nombreux mystères qui jalonnent sa vie et la mienne, dont j'accueille chaque fois la présence et la malice avec émerveillement.

Et tous ces bonheurs intimes qui naviguent dans un espace personnel, ciselé à leur mesure, inaccessibles et étrangers à tous ceux qui ne sont pas là pour les recevoir et que je garde en moi, dépôt de fidélité à l'offrande des retrouvailles. Bonheur aussi de ne plus me laisser blesser par le ressentiment, la rancœur, la colère, la rage qui autrefois me polluaient des semaines entières...

Les petits bonheurs déposés dans l'imprévisible d'un instant ne se cultivent pas et ne peuvent se mettre en conserve, car ils sont fragiles et périssables, tout au plus peuvent-ils s'engranger dans les strates secrètes de la confiance que j'ai en la vie.

Chômage des consciences
et recherche de conscientisation

En période de crise économique ou spirituelle, tout se passe comme si les consciences se ralentissaient, s'immobilisaient, comme si les activités d'élucidation, de conscientisation et même de clarification étaient en baisse d'énergie, se mettaient, elles aussi, au chômage.

Entre le blues de la réussite et l'angoisse du licenciement, la stérilisation de la capacité d'innover fait son nid. L'attentisme et l'assistanat triomphant ont castré beaucoup l'enthousiasme et les désirs des hommes d'aujourd'hui.

Autrefois, dans ma jeunesse, j'imaginais qu'un zeste d'insécurité, une pointe d'angoisse, la présence d'une « saine inquiétude », comme aurait dit ma grand-mère, étaient nécessaires pour re-dynamiser les prises de conscience, re-stimuler l'esprit et augmenter nos capacités à dépasser non seulement nos doutes, mais aussi nos interrogations paralysantes, pour aller vers plus de créativité.

Il est vrai que l'état de survie sécrète davantage de forces d'action et surtout de réaction que de réflexion,

A PARTIR D'AUJOURD'HUI, **ON** NE PENSE PLUS BÉNÉFICES PATRONAUX, CONDITIONS DE TRAVAIL, REVENDICATIONS SALARIALES, **ON** EST POSITIF, DE BONNE HUMEUR... EN UN MOT **ON** AIME SON ENTREPRISE ET **ON** Y EST HEUREUX !

et que les préoccupations de beaucoup se greffent aujourd'hui justement sur la survivance d'un acquis, sur le maintien d'une position, sur la recherche de moyens concrets, matériels, élémentaires ou vitaux pour tenir la tête hors de l'eau, pour ne pas se laisser emporter, pour résister, pour simplement exister, éviter la disparition.

Aujourd'hui les rêves mêmes semblent se dévitaliser, se rétrécir à la mesure d'un quotidien inquiet et se banaliser autour de l'incertitude et de l'attente. De l'attente d'un miracle, d'une solution qui viendrait de l'extérieur (de l'État, du Loto...).

Dans le domaine des relations humaines qui est le mien, je sens plus fort le retour du réactionnel, la présence plus palpable d'un terrorisme relationnel fait d'urgences, de colmatages, de récupérations. Les relations dominants-dominés et les rapports de forces qui en découlent créent des tensions ou des leurres qui semblent de plus en plus difficiles à dépasser. L'amplification de l'assistanat, le recours au magique, la foi en la chance ou en des croyances liées à des rituels ou des pratiques pour faire appel à des entités qui seraient des guides ou des anges protecteurs s'amplifient. La culture messianique se porte bien. Beaucoup se contentent de s'écrier : « Ça ne peut plus durer ! Il faudra bien un jour faire quelque chose ! Nous allons à la catastrophe ! », sont seulement dans l'attente d'une réponse, d'une solution ou d'un changement radical qui « devrait certainement arriver ! ». Il y a aussi paradoxalement la perte du contact avec le divin, la méfiance à l'égard du religieux et en même temps le besoin de se relier à plus de spirituel, avec peut-être les risques soit d'une récupération par ce que j'appelle le spiritualisme ou des pratiques pseudo-spirituelles, soit, au contraire, une tentation de se réassurer par une rigidification des positions allant jusqu'à l'intégrisme.

Le chômage des consciences me paraît en ce sens plus grave que le chômage économique. Allons-nous pouvoir réveiller notre pensée, faire danser à nouveau nos neurones, ouvrir des passages entre le cerveau gauche et le cerveau droit pour découvrir d'autres possibles ? Allons-nous prendre le risque de faire chanter et scintiller le présent pour illuminer demain ?

Il nous appartient de dépasser nos solitudes, de recréer des espaces de convivialité, d'ouvrir des oasis relationnelles, de créer des temps de retrouvailles avec l'espoir de susciter des échanges, de favoriser des rencontres pour faire se confronter des hommes et des femmes en recherche de conscience, en quête de plus de vie consciente.

Il appartient à chacun de donner ainsi plus de vie à la vie.

Responsabilisation et engagement

Il sera difficile de se sentir heureux si l'on fait porter la responsabilité de tout ce qui nous arrive sur les autres, car cela signifie que nous sommes dépendants des comportements ou des actes d'autrui. Sachant qu'une relation a au moins deux bouts, le fait de me sentir responsable de mon bout peut m'aider à mieux m'engager, à faire confiance à mes ressources, à moins accuser l'autre et/ou les autres et, surtout, à renoncer à la démission ou à la victimisation en m'appuyant sur le principe suivant : « En me reconnaissant partie prenante de tout ce qui m'arrive, je suis bien dans un positionnement responsable. »

Prenons un exemple qui, dans sa conclusion, va certainement m'aliéner plus d'un lecteur.

Si je marche dans la rue et qu'au cinquième étage d'une maison une dame par inadvertance fait basculer son pot de bégonias et que je le reçois sur la tête, je suis partie prenante de ce qui m'arrive. En effet, je prétends

que si je suis réellement centré sur moi, si je suis en état de vigilance, je ne recevrai pas le pot de bégonias sur la tête ! Si je le reçois, c'est que je n'étais pas suffisamment présent dans l'ici et maintenant de la situation. C'est que j'étais décentré sur un autre événement, ailleurs, avant ou après, pendant que je marchais dans cette rue. Je sais que mon affirmation peut choquer, irriter et même me déconsidérer. Aussi je vais tenter d'en dire un peu plus, non pour convaincre, mais pour préciser l'évolution de ma croyance.

Pour accepter que je sois partie prenante de tout ce qui m'arrive, du positif comme du négatif, il me faut dépasser une attitude dominante de notre culture : la victimisation, positionnement de vie souvent lié à l'accusation d'autrui, rendu responsable de tout ce qui m'arrive, et il me faut accepter ma propre responsabilité dans tout ce que je vis et de ce que j'en fais, avec toutes ses conséquences.

Nous avons trop tendance à accuser les autres, le monde, Dieu, le gouvernement, la société, des incidents de parcours, des malentendus ou des malheurs qui nous arrivent, en faisant ainsi l'économie de notre propre implication, de notre propre mise en cause dans les multiples choix et décisions que nous avons pris en amont d'un événement. C'est en acceptant de me responsabiliser dans mes conduites et leurs effets que je deviens réellement coauteur de toutes mes relations.

• Être responsable ne veut pas dire fautif

Une relation a toujours deux bouts, il m'appartient d'être responsable de mon bout. Être responsable, entendons-nous bien, ne veut pas dire être fautif, ne veut pas dire être coupable. Cela veut dire que je me sens conscient, concerné, engagé par tous mes actes et leurs conséquences directes ou indirectes, cela dans toutes les situations de mon existence.

Je ne peux pas gérer le bout de la relation qui appartient à l'autre. Mais je suis bien responsable de la façon dont je reçois ses messages. Si l'autre me dit quelque chose et que je me fais souffrir avec cela, je suis bien responsable de la souffrance que je viens de créer en moi !

C'est quelque chose de difficile et parfois même d'insupportable à intégrer, parce que cela nous déloge de tous les alibis, de toutes les excuses ou plaintes, de toutes les conduites d'irresponsabilisation. Cela nous invite à renoncer à cette tendance de nous défausser sur l'autre, de vouloir mettre en cause l'autre bout de la relation et d'éviter ainsi de prendre en charge ce qui concerne notre extrémité.

Si je souffre parce que celle que j'aime me quitte, je suis responsable des émotions que je produis, de tout ce que je ressens, de tout ce qui me traverse et des actes qui vont en découler.

• Comment avancer vers la responsabilisation ?

Je vais surprendre, mais je crois que c'est dans le fait de rencontrer des personnes, d'avoir devant soi quelqu'un qui sait se définir, se situer, dire où il en est, que cela peut m'apprendre et m'aider à me positionner. Ainsi, face à leur propre positionnement, à leur cohérence interne, je pourrai à mon tour me définir, m'affirmer, me responsabiliser. Je pense d'abord aux parents, aux professeurs, aux amis, à un partenaire proche, à un maître si l'on en a un, ou à un accompagnant. Je fais référence à quelqu'un qui soit suffisamment stable pour nous permettre à la fois de nous confronter à lui et de nous confronter avec les zones d'ombre et de lumière qui nous traversent.

« Est-ce que j'ai rencontré dans mon existence des êtres qui se sont définis avec suffisamment de clarté, de cohérence pour rester en accord avec eux-mêmes, et suffisamment ouverts pour m'accueillir dans mes tâtonnements, mes erreurs, mes différences et même dans mes excès ? »

Je suis capable de développer de la cohérence et de l'amour en moi quand je suis capable de me confronter à des personnes qui vont m'accepter avec mes possibles et mes limites. Je suis en accord, en harmonie avec moi-même quand je peux dire oui ou non sans me blesser, sans me culpabiliser.

Je suis en paix à l'intérieur, s'il m'est possible d'accepter le oui ou le non de l'autre avec ce qu'il est, à ce moment-là. Que je puisse accueillir, amplifier ou être déçu par ce qui vient de l'autre, tout cela sera de ma seule responsabilité !

Si je peux entendre le oui ou le non de l'autre sans m'effondrer, peut-être me sera-t-il possible d'accepter sa réponse sans tomber ou me perdre dans le réactionnel, sans être envahi et déstabilisé par des sentiments négatifs, et cela aussi sera bien de ma seule responsabilité !

**• Savoir communiquer avec autrui,
  c'est apprendre aussi à faire la paix avec soi-même**

Si communiquer veut dire mettre en commun, un des enjeux de cette mise en commun sera lié à la qualité de la communication que j'aurai avec moi-même et donc aussi à la crédibilité que je peux m'accorder, c'est-à-dire la confiance que je peux me faire.

L'existence est pleine de cadeaux, mais nous ne savons pas toujours les recevoir… Si nous les amplifions, ce sera notre façon de nourrir la vie…

C'est un véritable apprentissage que celui d'apprendre à recevoir, à laisser venir jusqu'à soi ce qui vient de l'autre, de la vie, sans le minimiser, le galvauder ou le disqualifier.

Dans le mot « confiance », je vois deux mots. D'abord le mot « foi ».

J'ai confiance quand j'ai foi en l'autre, quand j'ai foi en moi et, surtout, quand j'ai foi dans mes ressources et dans ma capacité à affronter l'inconnu.

Puis il y a aussi le mot « fiabilité » et au-delà la notion d'engagement.

J'ai confiance quand je suis capable de m'abandonner, je me fais confiance quand je lâche prise sur des certitudes ou sur des croyances.

Je me fais confiance quand j'accepte que la vie ne soit qu'une succession de naissances. Passer notre vie à naître au meilleur de nos possibles, c'est accéder à des renoncements.

Élaguer pour accepter de grandir, défusionner (se séparer, se différencier, s'éloigner) pour accéder à cette liberté intérieure faite d'autonomie et de liens, de solitude et de convivialité, de silences et de partages. Le propre du vivant sur la planète Terre, c'est qu'à l'intérieur d'un cycle de vie il existe une conception, une gestation, une naissance, une croissance, une amplification, un passage pour une transformation, un changement d'état appelé la mort.

Retrouver à chaque étape ces chemins de vie que sont la confiance, le respect et l'amour de soi pour avancer avec le meilleur de ses potentialités.

Croître, quand nous savons qu'il y a urgence, que la vie actuelle autour de nous se stérilise de plus en plus, pour mieux s'engager autour d'enjeux forts, essentiels : l'éducation, la justice sociale, la tolérance, l'égalité, le respect et le nourrissement de la vie.

Aujourd'hui, quand nous mangeons une tomate au mois de décembre, qui a été élevée sur un lit de sable avec du nitrate, elle ne contient aucun principe vital. La tomate que nous mangeons au mois de juillet parce que nous l'avons élevée dans notre jardin respire, elle rayonne d'énergie, elle est porteuse de vie.

Aujourd'hui, nous sommes, plus que nous ne pouvons l'imaginer, en danger de non-vie, cela se joue autour d'une alimentation stérile ou d'une nourriture de plus en plus dévitalisée, ou sur le plan de la circulation d'énergies négatives entre les individus, de maltraitance de la nature ou d'agression des forces vives de l'univers. Je ne suis ni pessimiste ni désespéré, seulement plus attentif, plus sensible peut-être qu'autrefois quand je souligne qu'un des enjeux possibles du développement humain, c'est de retrouver ce pouvoir de vie, cette capacité d'agrandir l'énergie d'amour qu'il y a en chacun, pour l'offrir sans contrepartie autour de nous.

• **Le respect de soi devient source d'engagement et de respect pour le vivant du monde qui nous entoure**

Il y a beaucoup de points communs entre l'écologie et la communication.

L'écologie traite de la possibilité d'une relation harmonieuse entre les humains et la planète Terre. Nous avons encore aujourd'hui vis-à-vis de notre planète Terre une relation d'exploitation, d'aliénation et de violence. Nous outrageons et violentons la couche d'humus, nous polluons et blessons en permanence l'environnement. Nous rejetons des déchets de plus en plus toxiques dans les océans, quand nous savons que ce sont les océans qui vont vraisemblablement assurer notre survie dans les prochains siècles.

Depuis globalement cinquante ans, une conscientisation nouvelle est née, pour changer progressivement notre relation à Gaïa, à cette planète mère porteuse de l'humanité. Nous découvrons avec étonnement et gratitude qu'elle est unique, bienveillante, généreuse et incroyablement accueillante à la vie. Et nous commençons, me semble-t-il, à découvrir que nous pouvons l'honorer. « Chaque fois que je te prendrai quelque chose, devrait-on lui dire, je te donnerai aussi quelque chose. »

C'est ce que pratiquaient les Amérindiens. Quand ils puisaient dans la nature, ils s'excusaient et remerciaient du don emprunté et reçu. Ils faisaient une offrande en retour pour rendre à la nature ce qu'ils lui avaient pris.

Aujourd'hui encore, la plupart des humains sont loin de tout cela. Il y a beaucoup de travail à faire, bien sûr, pour nous réconcilier avec la Terre, avec des pratiques moins terroristes à son égard :

• Changer notre regard, prendre soin d'elle, commencer à l'aimer.
• Changer la relation d'exploitation, d'asservissement, en une relation nouvelle faite de plus de convivialité, d'amour, de respect et de partage.

Et de plus en plus nombreux sont ceux qui, me semble-t-il, prennent conscience de la nécessité d'établir plus de relations en réciprocité, de s'ouvrir à la tendresse dans leur relation à l'univers.

Il en est de même pour les relations humaines. Depuis quelques décennies, il y a une accélération dans l'augmentation des conduites violentes, un durcissement, une déshumanisation dans les rapports humains et, d'une certaine façon, un appauvrissement dans la qualité des échanges interpersonnels. Une classe de nouveaux pauvres a fait son apparition, constituée par tous les affamés du partage, par les déshérités de la convivialité, par les laissés-pour-compte, perdus dans l'anonymat des grandes métropoles.

Revenir à des pratiques plus conviviales, plus solidaires, plus créatrices, constituera les prémices pour une écologie relationnelle acceptable pour la plupart d'entre nous. Il nous faudra pour cela retrouver, cultiver une qualité d'ouverture, de tendresse et de compassion comme base au respect d'autrui.

• **Apprivoiser la tendresse**

La tendresse, c'est en quelque sorte la sève de la vie. Quand dans une relation ne circule pas de tendresse, la vie reste en attente, en retrait, en quelque sorte en jachère. La tendresse n'est pas un sentiment, c'est une qualité de regard, une qualité d'écoute, de contact, de sourire.

C'est aussi une qualité plus sensible de l'énergie qui va passer entre les êtres. C'est une ouverture pour plus d'abandon, de confiance proposée, reçue, amplifiée et redonnée dans le cycle de l'amour vivant.

La tendresse, c'est ce dont nous avons le plus besoin et c'est en même temps ce dont nous avons le plus peur parce que qui dit tendresse, dit aussi proximité, rapprochement, lâcher-prise et ouverture. Une censure de la tendresse est liée à la peur de l'envahissement, de l'intrusion, la crainte que, si l'autre s'approche trop près, il me dépossède de quelque chose de moi. C'est aussi la peur parfois d'une irruption de l'érotisation dans un contact vécu comme proche, intime, ou plus libre.

• Apprendre à recevoir pour pouvoir donner

Nous sommes trop souvent des handicapés du recevoir, car nous ne savons pas accueillir. Souvent quand nous recevons, nous nous sentons obligés de rendre, de redonner. Beaucoup de personnes, sitôt qu'elles ont reçu quelque chose, ont le sentiment d'être en dette.

Nous avons du mal à recevoir les marques d'attention positives, ou simplement bienveillantes, avec une tendance à les minimiser ou à les banaliser. C'est un véritable apprentissage que d'apprendre à recevoir, à laisser venir ce qui vient de l'autre, de la vie, le laisser se déposer en nous, s'amplifier à l'intérieur de soi... Oui, je le répète encore une fois, accueillir, laisser germer, fleurir, et accepter de moissonner, de vendanger ces fruits de la confiance, de l'abandon...

Si nous avons su recevoir, il est vraisemblable que notre rayonnement redonnera à l'univers le centuple de ce que nous avons reçu.

Lorsque nous quittons, par exemple, quelqu'un de proche ou qui nous est cher, si nous avons reçu pleinement ce qui est venu de lui, s'il a reçu lui-même ce qui est venu de nous, nous ne sommes pas tristes de nous quitter ou de nous séparer. Car si nous avons reçu de lui, nous restons habités par le plein et le bon partagés. Par contre, si nous sommes insatisfaits, c'est qu'il a manqué quelque chose dans la rencontre et le partage. C'est que nous n'avons pas su, peut-être, accueillir et recevoir ce qui nous est venu en cadeau, ce qui nous est venu en don, en offrande si gratuite ou si imprévisible que nous sommes passés trop rapidement à côté.

N'oublions pas que nous avons tous reçu en dépôt, au début de la vie, un cadeau extraordinaire, une somme d'amour et d'énergie de vie. Si nous nous contentons de puiser dedans, si nous la consommons, nous allons l'épuiser sans la renouveler. Si, au contraire, nous l'agrandissons, si nous l'amplifions, quand nous allons mourir, c'est cette entité nouvelle et enrichie d'amour qui reviendra à la vie universelle, à l'univers où quelqu'un viendra puiser à son tour.

Ainsi l'existence est pleine de présents, mais nous ne savons pas toujours les recevoir. Si nous les amplifions, ce sera notre façon de nourrir la vie... et de nous engager ainsi à plus d'humanitude.

> Laisser se déposer en nous,
> laisser germer à l'intérieur de soi
> les possibles d'un échange.
> Accueillir.
> Arroser.
> Laisser fleurir.
> Puis accepter de moissonner,
> de vendanger les fruits du partage,
> de l'abandon, du lâcher-prise.

À l'école du bonheur

Un homme qui arrive, comme c'est mon cas, au mitan de sa vie (au mitan de sa vie, cela veut dire commencer à sentir le poids de l'âge, qui paraît toujours plus lourd sur l'autre versant de son existence) s'interroge toujours à un moment ou l'autre sur son passé, car nous venons tous du pays de notre enfance. Un matin, je me suis soudain rappelé, en regardant l'un de mes petits-enfants, que j'avais été moi aussi, il y a très longtemps, un petit garçon turbulent et pas mal indiscipliné.

Je fus un petit garçon qui n'aimait pas l'école, mais qui (c'est un des nombreux paradoxes de ma vie) aimait aller à l'école. Cela peut vous paraître curieux, mais peut-être ignorez-vous que sur le chemin de l'école, il se passait à cette époque-là plein de choses passionnantes. Il n'y avait pas de cars scolaires, pas trop d'automobiles, aussi les parents n'amenaient pas en voiture les enfants à l'école. Dans ce temps-là, aussi surprenant que cela puisse paraître aujourd'hui, les enfants, quel que soit leur âge, allaient tout seuls à l'école, comme des grands. Ils n'étaient accompagnés qu'à de rares occasions par des parents, que l'école fascinait et effrayait un peu.

À l'aller par exemple, le chemin entre ma maison et l'école faisait exactement mille six cent cinquante mètres, et encore en contournant l'école des filles, parce que les filles, avec leurs rires entre elles, me faisaient peur. Oui, je craignais que les filles se moquent de moi. J'étais de petite taille, un peu sauvage et, surtout, je me sentais maladroit, mal à l'aise dans ma peau et pas très beau !

Chaque matin sur le chemin de l'école, j'étais toujours pressé, car j'allais retrouver mon meilleur ami, ce vrai copain, sur lequel je pouvais compter « à la vie comme à la mort ». Un copain avec qui j'avais la liberté de parler de tout, qui me comprenait, qui me défendait, qui partageait son goûter avec moi, qui n'hésitait pas à se laisser punir pour rester encore un peu en ma compagnie quand j'avais été (toujours par erreur !) moi-même puni et obligé de rester après le cours, pour terminer des devoirs supplémentaires qui me paraissaient interminables !

Au retour de l'école, vers la maison de mes parents, par contre, le chemin faisait entre trois et quarante mille kilomètres. Oui, oui, autant que le tour de la Terre ! En revenant, les gens qui me croisaient croyaient voir un petit garçon de huit à neuf ans, ce qu'ils ne savaient pas, c'est que parfois j'étais Zorro, dévalant à cheval la rue principale, une autre fois Robin des Bois, me battant et volant pour les pauvres en attendant le retour du roi Richard parti pour la croisade. D'autres fois, j'étais en Sibérie, debout sur un traîneau tiré par quatre puissants chevaux, luttant contre les Tartares au côté de Michel

Strogoff, d'autres fois encore, je fumais le calumet de la paix avec Sitting Bull, le grand chef sioux qui était devenu un ami.

Le petit garçon que j'étais avait beaucoup d'imagination, et la ligne de séparation entre mon imaginaire et la réalité était en ce temps-là fragile et très mince. Ne croyez pas que je rêvais, oh non ! je vivais tout ce que j'imaginais, je sentais dans mon corps la dureté du froid, les coups de fouet du vent soufflant de la Mongolie-Intérieure (ce mot « Intérieure » me fascinait, j'ai souvent cherché sur la carte la Mongolie-Extérieure), le cuisant du soleil de la pampa, le galop des chevaux, le souffle des tempêtes de sable, les cris de ceux qui me poursuivaient, j'éprouvais tout cela dans mon corps, comme si c'était vrai.

Ainsi, quand je quittais l'école, je n'avais que quelques pas à faire sur le trottoir pour sauter soudain sur mon traîneau, fonçant dans l'immensité du Grand Nord avec Croc Blanc aboyant près de moi. J'arrivais à la maison épuisé, tout en sueur, les vêtements parfois déchirés, ayant affronté un grizzli énorme qui voulait me barrer la route ou fait la course avec un troupeau de caribous.

Ma maman me demandait toujours avec un rien d'inquiétude dans la voix :

« Ça s'est bien passé à l'école ?

– Oui, oui, sans problème !

– Mais comment as-tu pu déchirer ta chemise et faire cet accroc à ton pantalon ?

– C'est en jouant, maman !

Elle me regardait, riait, et me donnait une petite tape sur le nez.

« En jouant ! Tiens, tiens ! Qu'est-ce que ce serait alors si tu t'étais battu ? »

Qu'aurais-je pu répondre d'autre que : « Tout va bien » ? Si j'avais révélé la vérité, décrit les combats homériques entre les gitans et nous, entre ceux de la place Olivier et ceux du Fer-à-Cheval, dont j'étais, j'aurais gâché sa soirée, bouleversé ses nuits, elle se serait tellement inquiétée, cette femme qui m'adorait, qu'elle aurait été morte de peur si elle avait su tous les dangers et les épreuves que son fils aimé devait affronter sur le chemin du retour de l'école !

Ainsi, durant toute mon enfance, j'ai vécu une double vie : l'une sérieuse et un peu triste à la maison ou à l'école, et l'autre pleine de couleurs, d'aventures dans ma tête, dans mon cœur, dans mon corps sur les chemins de l'école ! Je côtoyais le bonheur tous les jours et parfois même je plongeais dedans pour de longues heures de flâneries avec le plaisir, sans cesse renouvelé, de réinventer le réel.

J'ai grandi, j'ai renoncé difficilement à mon enfance. Cet enfant que je fus devint, comme tous les enfants, un adolescent, puis un adulte. Quand je fus père à mon tour, je découvris quelque chose d'épouvantable qui me réveilla de mes rêves. Je découvris que j'étais un infirme de la communication, que j'étais comme une sorte de cul-de-jatte des relations humaines... Par exemple, je ne savais pas demander ou refuser, je pratiquais la répression imaginaire en pensant à la place de l'autre ce qu'il penserait, dirait, ferait si je disais ou ne disais pas, si je faisais ou ne faisais pas ! Si bien que je me laissais définir par une foultitude de craintes qui paralysaient mes élans, ma spontanéité. Ainsi je vivais l'essentiel de ma vie... à contretemps !

Comme je ne savais pas dire non, j'accueillais tout ce qui venait des autres sans discuter (comme si j'étais une poubelle) et surtout je donnais, me sentant toujours coupable de ne pas donner assez. Je donnais en pensant qu'ainsi je serais plus aimé, plus recherché ou plus apprécié.

Alors un jour, j'ai décidé d'apprendre à communiquer autrement.

Communiquer ce n'est pas seulement parler, se dire, c'est se donner les moyens d'être entendu. C'est aussi écouter, apprendre à partager, à échanger, à mettre en commun.

**Une relation vivante, une relation heureuse
est une relation dans laquelle chacun des interlocuteurs
peut demander, recevoir, donner et refuser.**

Bien sûr, tout seul, je ne pouvais pas faire beaucoup, mais je pensais que si tous les enfants du monde apprenaient la communication à l'école comme une matière à part entière, alors peut-être y aurait-il moins de guerres, moins de souffrances, moins de désespoir dans le monde et, surtout, plus d'amour, parce que chacun apprendrait aussi à mieux s'aimer.

Et c'est ainsi que j'ai commencé à écrire des articles,

puis des livres. Tout ce que j'avais découvert pour moi-même et mes enfants, je ne voulais pas le garder pour moi, je voulais le partager, l'agrandir avec d'autres adultes, d'autres enseignants, d'autres enfants.

Aujourd'hui, à chaque ex-enfant qui m'écrit, je peux dire : « Je compte sur vous, je compte sur chacun d'entre vous pour apprendre à votre tour à vos amis, à vos parents, à vos grands-parents ! » Aux enfants qui me parlent, je dis aussi : « Je compte sur toi pour apprendre à tes amis, à tes parents et même à tes professeurs, s'ils ne sont pas au courant, qu'il est possible de communiquer autrement. Qu'il est possible, à partir de quelques règles d'hygiène relationnelle simples, de mettre en commun sans violence. Comme, par exemple, de ne pas parler sur l'autre, mais de parler à l'autre, d'apprendre à reconnaître ce que l'on ressent dans l'ici et maintenant de la rencontre et à dire son ressenti positif ou négatif, à ne pas garder en soi ce qui n'est pas bon venant de l'autre. »

Je tente de leur faire découvrir qu'il est possible de se confronter sans s'affronter, de se positionner sans avoir besoin de contredire, ni de disqualifier ou de violenter le point de vue de l'autre, de se respecter en ne se laissant plus définir par les attentes, les peurs et les désirs de ceux qui prétendent nous aimer… et encore beaucoup d'autres façons pour mieux se rencontrer. Une école du bonheur aujourd'hui serait celle où les enfants pourraient rêver, non seulement comme moi je le faisais sur le chemin du retour à la maison, mais aussi sur le chemin de l'aller. En imaginant tout ce qu'ils vont découvrir pour

ÉCOUTE ÇA, PAPA !
"IL EST 2 TRAGÉDIES DANS L'EXISTENCE :
L'UNE EST DE NE PAS RÉALISER SON RÊVE;
L'AUTRE EST DE LE RÉALISER."*
ÇA VEUT DIRE QUE, DE TOUTE
FAÇON, ON EST MALHEUREUX?

* OSCAR WILDE

agrandir, enrichir, vivifier et dynamiser leurs relations avec leurs amis, leurs professeurs et leurs parents.

Oui, je compte sur chacun, avec une grande confiance pour avancer sur ces chemins de vie, de croissance et de liberté d'être qui sont les nôtres, pour aller ainsi, mieux équipés, à la recherche du bonheur.

À propos de la culture du moi

La progression étonnante et quelquefois détonante de plusieurs magazines psy, essentiellement centrés sur les relations humaines (comme par exemple *Psychologies*), l'émergence dans la plupart des grands médias de pages consacrées aux « problèmes relationnels » révèlent qu'il y a chez de plus en plus de femmes et d'hommes des aspirations à la fois vitales et contradictoires à se prendre en charge, à s'occuper de leur croissance personnelle.

Vitales certainement, avec de nouvelles exigences et une vigilance plus grande envers nos besoins relationnels et l'engagement de beaucoup vers un travail sur soi, pour accéder à la réalisation de ses possibles, pour rencontrer le meilleur de soi-même.

Contradictoires aussi, car ce mouvement vers une culture du moi, pour aussi gratifiant et intense qu'il soit, ne peut s'arrêter à l'individu : il se doit, pour ceux qui acceptent de se projeter vers un avenir plus lumineux, de déboucher sur la recherche d'une réconciliation dans au moins trois directions :

- Une ouverture à la confrontation (et non à l'entretien de l'affrontement), des échanges en apposition (et non en opposition), des partages en réciprocité (et non dominants-dominés) dans les relations avec autrui. La conséquence directe en sera non seulement l'amélioration des relations avec soi-même, mais aussi de permettre des relations plus vivantes, plus créatrices et surtout moins chargées de ressentiments, de violences ou de partages négatifs avec autrui.
- Une sensibilité à l'écologie relationnelle. En établissant une relation de plus en plus lucide (mais qui reste pour l'instant trop prudente et incertaine) avec cette planète qui nous a accueillis, il y a quelques millions d'années. Avec laquelle il est urgent de rétablir une relation de respect, d'amour et de gratitude en inventant d'autres modes de consommation, de nouvelles énergies, de nouveaux liens avec les autres. Des relations moins chargées d'agressivité et de possessivité à l'égard de notre environnement, à l'égard également des autres pays, qu'ils soient proches ou plus lointains.
- Un éveil à la dimension spirituelle avec une recherche et des engagements qui touchent à l'essence même de l'être. Cela se traduit par des démarches visant à favoriser la rencontre avec le divin qui se cherche en chacun et qui s'affronte et se perd dans tant de conflits, d'injustices, de violences et de guerres ou, plus pathétiquement encore, dans une survie au quotidien, liée à l'hyperconsommation de gadgets ou de biens matériels et à la fuite vers le virtuel.

Et, malgré cela, préjuger d'une évolution positive de l'avenir est risqué, car l'homme a été de tout temps un prédateur, dont les forces destructrices s'appuient aujourd'hui sur des institutions marginales et des technologies avancées, alors que les forces d'amour qu'il peut développer sont personnelles et intimes. Nous pouvons espérer que ces forces d'amour pourraient se relier entre elles et, du moins c'est mon espoir, contrebalancer la violence et la désespérance dans lesquelles vivent des millions de personnes.

Une des attentes fortes des femmes et des hommes d'aujourd'hui me semble être une recherche d'harmonie avec l'ensemble de toutes ces forces qui nous habitent et nous dynamisent autant qu'elles peuvent nous détruire. Cela passe, pour l'essentiel, par un travail sur soi qui ne restera pas seulement égocentrique ou narcissique, comme certains peuvent le penser, mais qui va déboucher sur de meilleures relations à l'autre et à son environnement, même si cela ouvre à de nouvelles exigences et à de la rigueur ou même à une ascèse dans les relations.

Il sera parfois nécessaire d'élaguer, de clarifier, d'assainir ou de trancher dans quelques-unes de nos relations anciennes.

La culture du moi qui se développe de nos jours laisse augurer un changement profond dans les relations hommes-femmes, si le politiquement correct, toujours à l'affût d'une répression et d'une régression possible, ne freine pas le mouvement qui s'amorce, pour donner envie à chacun de mieux se rencontrer pour engager le meilleur de ses possibles.

Maintenir vivante la vie,
aussi vivante que possible

Nous sommes, semble-t-il, condamnés à vivre coincés entre une violence apparente, celle qui tue la vie d'un ou de milliers d'individus, celle qui nous révulse, nous indigne, meurtrit et angoisse notre réalité ainsi que notre imaginaire, et une violence latente, plus cachée, plus subtile, qui stérilise, blesse, mortifie l'espoir, assassine les rêves et tue l'anticipation et la projection du devenir en le réduisant à un avenir si prévisible qu'il nous laisse sans choix. Sinon celui de continuer à maintenir vivante la vie, d'en arroser les plus petites manifestations à portée de main, de protéger les parcelles d'existence qui nous entourent, de semer, de planter, d'entretenir des relations porteuses d'échanges, nourricières de partages, ouvertes sur l'agrandissement et le développement de nos possibles.

Le choix aussi de continuer à se respecter et à prendre soin de cette parcelle de vie reçue en dépôt au moment même de notre conception.

Au-delà de la violence qui nous entoure, nous envahit et tente parfois de nous détruire, il devient vital de garder vivante cette parcelle de vie pour l'offrir à ceux qui nous

93

sont proches, et cela au présent. S'ancrer au présent, dans l'instant, pour résister, pour faire contrepoids, pour continuer à alimenter une énergie d'amour indispensable à notre survivance.

Car l'avenir aujourd'hui est devenu trop prévisible, il est pour beaucoup synonyme de catastrophe.

Il n'y a plus d'espérance, en effet, quand l'imprévisible est assassiné, quand le prévisible opaque, violent, destructeur obture l'horizon.

Il y a moins d'espoir quand nous percevons chez de plus en plus d'humains l'acharnement incroyable à détruire, l'habileté à violenter, le besoin de blesser, la subtilité technique pour réunir les meilleurs moyens afin d'attenter à la vie.

Au lendemain du 11 septembre 2001, dans ma Provence encore protégée par quelques miracles éphémères et fragiles, le téléphone n'a pas arrêté de sonner.

D'abord mes enfants, ma benjamine, femme de trente ans secouée de sanglots et de larmes impuissantes qui emportaient une partie de sa confiance au monde. Elle pleurait au téléphone, désespérée par tant d'incohérence, bouleversée par l'irruption du non-sens, par la négation de toute raison. Et puis l'appel de mes autres enfants, ceux qui justement vivent aux États-Unis. De celui qui est pilote et qui, ce matin-là, a été interdit de vol comme tous ses collègues aviateurs. De celle qui est en Californie, à l'autre bout de ce pays qui les a accueillis, et qui a assisté, impuissante, avec ses enfants autour d'elle, à ce qui apparaissait pour la plupart des Américains d'abord impossible, puis irréaliste et enfin monstrueux et cauchemardesque.

Cette amie psychothérapeute qui, avant d'entrer dans son cabinet, à neuf heures du matin, m'appelle pour me demander de lui offrir un mot, une phrase qui lui permettrait de déposer son désarroi, de sortir de son impuissance, de dépasser le sentiment amer de son inutilité. Pour avoir la confirmation que ce qu'elle va faire ce matin-là – être présente avec une écoute silencieuse et interpellante, pour entendre quelqu'un en difficulté conjugale, familiale ou intime – ne soit pas dérisoire. Pour que soutenir quelqu'un au quotidien reste quelque chose d'important, d'essentiel, alors que tout son esprit se révolte contre l'absurdité de ce qui s'est passé la veille à New York. Quand son cœur se serre à la pensée que, trois semaines auparavant, ses deux filles étaient au cent deuxième étage du World Trade Center et qu'elles auraient pu...

Elle me disait, la voix cassée, qu'elle ne pouvait pas s'empêcher d'imaginer ses filles coincées et se jetant dans le vide, espérant encore un peu de vie avant de s'écraser sur le macadam aveugle d'une mégapole jusque-là fascinante.

Et puis des voisins et aussi des inconnus qui voulaient savoir comment je vivais cet événement, qui se souciaient de l'impact de cet attentat sur ma vision du monde, peut-être aussi sur mes belles idées d'amour, de compréhension, de respect, de responsabilisation dont ils venaient à douter et dont ils auraient aimé subtilement me faire douter...

Et aussi mes propres interrogations face à mon quotidien, protégé, prévisible, pour l'essentiel d'une journée, d'une semaine en apparence lisse et bienveillante, mais qui charrie souterrainement ses petites mesquineries, ses dérives, ses petites trahisons et contradictions ou plus simplement ses incohérences.

J'ai eu le sentiment, ce matin-là, de devoir faire effort pour me redresser, pour ranger quelques papiers, déplacer quelques affaires, pour régler plein de petits problèmes en suspens, avec le sentiment que je devais aérer la vie, que je me devais d'insuffler à cet espace qui m'entoure un ordre, un ordonnancement plus rigoureux pour qu'il échappe au chaos.

Alors j'ai retrouvé des gestes simples, comme arroser le jasmin que j'aime et que je néglige trop, payer des factures en retard, trier, jeter une paperasserie encombrante, inutile le plus souvent, stimulante parfois, vérifier cette fuite sur le toit, décider de changer la télévision, ce vieux poste périmé, obsolète, qui m'accompagne depuis deux décennies. Le changer oui, pour mieux me tenir au courant de la bonne (et mauvaise) marche du monde.

J'étais bien conscient que je m'accrochais à toutes ces petites choses pour me relier au réel accessible, prévisible celui-là, pour lutter contre les vagues de colère et de violence qui naviguaient sourdement en moi. De la violence, oui ! Des images folles, désordonnées, envahissantes qui voulaient prendre toute la place ! Alors, à ma façon, j'ai repris possession de mon existence, je n'ai plus douté d'elle.

Je peux douter de ce qui m'entoure,
mais je m'engage, à la fin du jour, encore et encore,
à maintenir vivante la vie qui m'habite et m'entoure.

De l'intimité personnelle
à l'intimité partagée

Beaucoup pensent que l'intimité doit rester réservée, protégée et enfouie dans un jardin secret inaccessible aux autres et parfois même aux proches. Cela est certainement vrai pour l'essentiel de l'intimité, pour cette partie de nous qui n'appartient qu'à nous, qui nous confronte à nos zones secrètes faites d'ombre et de lumière, à des pensées, à des fantasmes, à des idées ou à des projets qui traversent notre vie comme autant de météorites parcourent un ciel d'été.

Mais s'il est bien une intimité qui doit être partagée dans l'abandon et la confiance, c'est l'intimité sexuelle, qui suppose, au-delà du rapprochement des corps, une ouverture, un accueil, un don de soi. Si nous acceptons d'entendre et de reconnaître que la rencontre sexuelle est le creuset où vont se mêler tous les langages de la communication avec soi-même et avec l'autre, nous sentons alors combien *faire l'amour* va bien plus loin que *le faire*. Combien nous allons devoir faire confiance à l'autre, ce « si proche », non seulement pour aller vers lui, mais pour le laisser s'approcher au plus près de nos émotions, de nos sentiments, de notre ressenti et, surtout, surtout pour lui permettre (quand c'est une femme) d'entrer, de pénétrer dans le pays infini de son corps.

L'intimité sexuelle ne se résume pas au fait de faire l'amour, mais elle contient tous les possibles de la communication, au sens fort du terme qui veut dire mettre en commun.

Mettre en commun une écoute du corps, du nôtre et de celui de l'autre, une attention sensible à ses attentes, à ses émois, à ses peurs aussi. Car toute rencontre sexuelle s'inscrit dans une histoire, celle de la découverte de notre sensualité aux premiers temps de notre enfance, de l'apprivoisement du plaisir, des tâtonnements pour accéder à la confiance pleine et entière, pour entrer dans l'abandon, celle aussi de nos premiers émois sexuels avec l'impact lié à la différence des sexes.

Quel que soit notre âge, toute rencontre sexuelle nous renvoie à nos toutes premières tentatives pour accéder au plaisir, à nos maladresses pour s'approcher, apprivoiser le corps de l'autre.

La rencontre sexuelle, même quand elle est protégée, en quelque sorte par le mariage ou une vie de couple dans la durée, est toujours l'équivalent d'un miracle. Je veux dire par là que cette rencontre reste miraculeuse quand on pense à tous les obstacles, aux freins possibles, aux malentendus qui peuvent freiner, empêcher, maltraiter le bon et le joyeux, l'abandon et la confiance qui sont les fondements du lâcher-prise et du non-contrôle pour accéder au plaisir. Car il ne suffit pas d'aimer, il ne suffit pas d'avoir du désir, aussi intense soit-il, pour faire l'amour (d'ailleurs je n'aime pas ce mot « faire », je crois qu'on devrait utiliser plus fréquemment l'expression « vivre l'amour »). Je crois qu'il faut une qualité de la relation qui permette une liberté intérieure qui donne envie d'offrir le meilleur de soi au meilleur de l'autre.

C'est en vivant l'amour qu'on accède peut-être au divin qui est en chacun de nous. À cette part d'infini, d'intemporalité et d'éternité que nous avons envie d'offrir sans réserve à celui ou à celle que nous sentons suffisamment proche pour l'accueillir dans le plein de nous-mêmes, au plus proche de notre peau, au plus secret de notre intimité.

Vivre l'amour,
faire l'amour, est une belle aventure,
qui mobilise les possibles de son corps,
et aussi tous les possibles de son imaginaire,
toutes les ressources de son présent.

Lointain-prochain

Aujourd'hui, en quelques secondes, nous pouvons communiquer (à condition d'en avoir les outils et la liberté de choix) avec les personnes qui vivent au plus lointain de nous. Mais nous sommes plus démunis quand il s'agit de mettre en commun avec notre prochain, avec ceux qui sont là, tout près dans notre vie.

Nous pouvons parler en quelques secondes avec quelqu'un qui se trouve à quinze mille kilomètres, et nous allons mettre parfois six mois pour adresser la parole à notre voisin de palier qui prend le même ascenseur que nous. Nos proches sont ainsi, le plus souvent, de parfaits inconnus dont on reconnaît la silhouette, la marque de voiture ou encore le bruit qu'ils font quand ils rentrent à deux heures du matin.

Et pour nos tout proches : conjoint, enfants, famille, nous avons trop souvent des échanges a minima pour gérer le quotidien, pour faire vivre une cohabitation silencieuse autour du « faire ensemble » plutôt que de l'« être ensemble ».

Il est possible que je m'attarde trop à décrire là un

tableau trop pessimiste, dans lequel beaucoup ne voudront pas se reconnaître et qui m'écriront pour me dire qu'eux, au contraire, privilégient une vie conjugale, de famille ou amicale faite de temps importants consacrés à la mise en commun, dans une communication intime suivie, vivace et chaleureuse.

Et je pourrais les confirmer, car je sais aussi qu'il y a chez beaucoup d'entre nous cette aspiration profonde, réelle, de se réapproprier une qualité de vie et de partage fondée sur l'échange. Mais, pour l'instant, mes interrogations et propositions visent à tenter de démystifier quelques leurres ou simplement habitudes, à donner envie de créer ces temps d'échanges et de partages, dans lesquels circuleraient des réponses à nos besoins relationnels essentiels.

La communication de consommation qui domine dans les premières années du XXIe siècle favorise trop, me semble-t-il, la circulation de l'information, à tel point que nous confondons communiquer et être informé.

Nous sommes à toute heure du jour et plus particulièrement le soir, avec le journal télévisé, tenus au courant des derniers abus, crimes, combats, atrocités, tortures et injustices qui sévissent de par le monde.

L'intimité des prostates, des reins et des cœurs des grands (et des moins grands) de la Terre nous est présentée, commentée, voire imposée avec force détails, photos et analyses par des soi-disant experts et spécialistes.

Le moindre tremblement de terre, cyclone, épidémie nous est aussitôt transmis avec une telle somme de précisions que, paradoxalement, ces événements ne laissent que peu de traces dans nos souvenirs, aussitôt remplacés par d'autres informations tout aussi consommables, c'est-à-dire jetables.

**Ainsi le lointain nous est devenu
très proche, familier, apparemment accessible.
Alors que le prochain, parfois,
nous paraît très lointain.**

Et le prochain très proche (prochain conjugal, familial ou parental) reste trop souvent muré dans le silence, dans le non-dit, dans le formalisme d'échanges fonctionnels qui taisent le ressenti profond, les sentiments réels, la solitude intime et trop souvent la souffrance muette.

Alors il y a la tentation, pour l'esprit, de se réfugier dans la fuite vers le virtuel, de se perdre dans l'univers magique de la télévision, de se distraire dans les jeux sur Internet. Ce qui fait que parfois le corps se révolte, appelle à l'aide, crie ses manques, se replie dans la maladie, s'enferme dans le mal-être, requiert le soutien d'un béquillage médicamenteux de plus en plus sophistiqué, fait appel à des stimulants pour tenter quand même d'exister.

Quand on est dans la survie, la recherche du bonheur et du bien-être devient secondaire ; ce qui domine, c'est la recherche des moyens pour répondre aux besoins vitaux qui nous permettent de tenir le coup, de tenir la tête hors de l'eau, hors du désespoir. Les besoins relationnels tels que l'aspiration à pouvoir se dire en toute liberté, être entendu et reconnu, être valorisé, disposer d'une intimité et d'une capacité à influencer le monde, passent, hélas trop souvent, dans ces circonstances, au second plan.

Il faut une certaine sécurité dans l'intime de soi pour pouvoir partager le plaisir d'être ensemble, faire que dans un échange circulent le bon et le beau, s'amplifient nos possibles et surgissent la part de rêves et de projets qui vont nous pousser vers l'avenir.

Pouvoir oser être heureux, même à doses homéopathiques, suppose des ancrages et des racines vivifiantes qui nourrissent le présent et lui donnent cohérence et présence.

La confiance en soi

La confiance en soi est une conquête permanente sur l'imprévisible de la vie, elle n'est pas acquise une fois pour toutes, mais elle doit se ressourcer, se reconstruire, se confirmer et s'embellir chaque jour, pour pouvoir faire face à la fois à la mouvance d'une existence et à l'irruption de l'inacceptable.

Bien sûr, il faut à la confiance quelques ancrages solides. Comme des valeurs de référence autour de personnes fiables, un enracinement précoce à partir du terreau d'une enfance aimée et comblée dans ses besoins les plus vitaux, en particulier les besoins relationnels. Besoins qui, justement, sont souvent oubliés dans la mouvance des hauts et des bas de la vie du couple parental.

- Quand la sécurité intime, la reconnaissance et la confirmation de ce qu'il est réellement sont maltraitées chez un enfant confronté aux non-dits, aux tensions et aux conflits qui surgissent entre ses parents.
- Quand les deux partenaires d'un couple n'arrivent pas à se décentrer suffisamment pour rester à l'écoute de

leur enfant, parce qu'ils se cherchent, s'affrontent, se perdent dans les péripéties ou les labyrinthes de leur propre histoire.

• Quand les bases de la confiance en soi sont fragilisées, chaque fois que la vie conjugale, familiale ou professionnelle est bousculée au quotidien par des préoccupations et des urgences matérielles.

• Quand la présence des parents ou des personnes significatives est trop aléatoire, car violentée par des errances, des pertes, des séparations.

Alors, par évidence s'installeront des doutes, des méfiances ou des mécanismes de défense, de fermeture, de fuite. Si ces mécanismes sont nécessaires à la survie de l'enfant, ils ne lui donnent pas pour autant les moyens de ce plus qui permettrait des ancrages vers le plaisir d'être vivant.

Nous le savons, les fondements de la confiance en soi s'inscrivent chez un enfant très tôt et se structurent par la suite à partir de la qualité du *biberon relationnel* (ensemble des messages qui circulent de sa mère et de son père vers lui), surtout s'il est constitué en dominante par des messages positifs, valorisants. La confiance et l'amour de soi se confirmeront par la suite à partir de la qualité des relations qu'il aura pu établir avec les personnes significatives de son existence. Et, au-delà, l'estime de soi sera liée à la confirmation qu'il est accepté tel qu'il est, en se sentant reconnu, perçu comme aimable, c'est-à-dire susceptible d'être aimé.

Confiance, amour de soi et estime de soi peuvent se découvrir et même se consolider à l'âge adulte, même si nous ne les avons pas rencontrés dans l'enfance. Ces ancrages peuvent naître de la rencontre d'une ou plusieurs personnes structurantes. Se construire au contact et à l'impact d'un être balise nous permet d'accéder au meilleur de nous-mêmes et de nous reconnaître comme porteurs de quelque chose d'unique, de bon, d'important, de valable.

Même acquis, la confiance en soi, l'amour de soi et l'estime de soi peuvent être blessés par des accusations, des disqualifications, des mises en doute ou par des rejets et des abandons. Ce qui veut dire que nous devons prendre soin de ces valeurs, les protéger et ne pas les mettre entre toutes les mains.

Cela veut dire encore qu'elles ont besoin de continuer à être nourries, alimentées par des gratifications, des regards positifs, des confirmations et des réussites.

Cela suppose de pouvoir se ressourcer, de rester vigilant pour ne pas se laisser polluer ou atteindre par la négativité d'un entourage parfois ambivalent, critique ou disqualifiant.

• La confiance en soi comme l'amour et l'estime de soi se structurent autour d'une image intérieure que nous avons de nous-mêmes, à partir d'un noyau qui, lui, est suffisamment solide et protégé pour résister aux critiques et aux rejets, à un afflux d'intolérance aux vagues de déception et d'amertume, aux violences de tous ceux qui nous entourent.

• La confiance en soi comme l'amour et l'estime de soi s'amplifient quand nous acceptons de demander pour compléter nos connaissances, quand nous cessons de croire que nous ne savons pas, quand nous découvrons que nous savons beaucoup de choses que nous ne voulions pas savoir !

Quand nous acceptons d'entendre que nous possédons plus de ressources que celles que nous avons déjà mises en œuvre.

Quand nous misons sur le mouvement, la dynamique de l'interaction entre l'autre et nous.

Quand nous acceptons de nous appuyer sur le surgissement de l'inattendu pour agrandir nos propres possibles.

Quand nous acceptons d'arrêter de nous réfugier sur

ce que nous avons appris, de nous appuyer seulement sur nos connaissances et certitudes pour entrer dans la créativité de l'instant.

• La confiance en soi comme l'amour et l'estime de soi ne sont donc pas de l'ordre de la volonté, mais de la créativité, une créativité enfin mise au service de sa propre personne.

Échangerais un gros paquet
de confiance mal placée
contre un zeste de bon sens

Il m'arrive parfois de mettre avec une générosité incontrôlée, et le plus souvent incompréhensible pour mes proches, une confiance sans bornes dans une personne proche ou moins proche ou dans un inconnu. Sans hésiter, j'ai le désir de lui offrir du bon, du soutien, de lui donner le meilleur de moi, de me lancer dans différentes actions pour lui mettre le pied à l'étrier, lui donner un coup de pouce en l'introduisant dans mon univers de relations.

Et si elle s'est présentée à moi non pas en victime ou pleine de ressentiments, mais elle-même dans l'abandon de sa propre confiance à mon égard, alors j'ouvre (le plus souvent) toutes grandes les portes de mon intimité. Je reçois tout ce qui me vient de cette personne et je la reçois elle-même comme un cadeau, je me sens ouvert, j'ai une confiance spontanée et suis disponible à donner et recevoir sans réserve. En cela, je suis certainement fidèle à ma mère qui avait la foi ardente du charbonnier à l'égard du journal : (« Ce doit être vrai puisque c'est écrit ! ») Et sa confiance dans la chose écrite avait valeur d'évidence, de certitude absolue. C'est ainsi que j'ai découvert que la confiance est le plus souvent une croyance qui ne s'interroge pas, qui ne se remet pas en cause.

Un jour, un ami m'a raconté sa confiance déçue envers sa bien-aimée :

« Je l'aimais, je me sentais aimé, je savais peu de choses d'elle, je n'imaginais même pas qu'elle puisse avoir une relation en parallèle avec la mienne, tout aussi importante pour elle, qui durait depuis trois ans. En fait, je n'étais pas dans la confiance, comme je le croyais, mais dans l'aveuglement. Je sais, je sais que plusieurs signes auraient dû, à l'époque, m'avertir, me réveiller, mais non ! Je faisais confiance, non pas à elle, mais à mes sens, à mon ressenti, à mon intuition. J'étais pour elle quelqu'un de très fiable. Aujourd'hui, je pense que c'est sa propre confiance en moi qui lui a donné, paradoxalement, le courage de vivre une autre relation. Elle n'aurait certainement pas su jusqu'où aller avec cet homme-là, mais comme j'étais pour elle un ancrage solide, présent, stable, fidèle, elle s'était autorisée à entrer dans cette aventure. Tout s'est passé comme si elle me disait : "Je fais confiance à ta confiance pour oser vivre en même temps et ma relation avec toi et une relation avec une tierce personne !" »

Car c'est rarement l'autre qui nous trompe, c'est nous-mêmes qui avons besoin de croire et de rester dans la croyance, dans le leurre d'une confiance qui n'est pas en réciprocité jusqu'au moment où nous sommes enfin prêts au dévoilement.

Un autre de mes amis me confiait :

« J'avais prêté, puisque j'en disposais, une somme d'argent à une connaissance. Elle m'a remis une reconnaissance de dettes, un écrit que je ne demandais pas, mais qu'elle avait tout de même tenu à rédiger et à me donner. Quelques mois plus tard, j'ai reçu un premier remboursement de la moitié de la somme, ce qui renforça ma confiance et me rassura. Ensuite, plus de nouvelles, aucune réponse à mes coups de téléphone, à mes demandes écrites au sujet de ce prêt, rien ! Cependant, j'avais le sentiment de me respecter en ne renonçant pas. Depuis sept ans, à chaque date anniversaire, j'écris à sa sœur, la seule adresse que je connaisse, pour lui demander de transmettre ma demande de remboursement. Je suis ainsi sorti de la confiance, je suis entré dans l'espoir. »

Ce fut la conclusion provisoire de cet ami trop confiant au départ et déçu dans sa confiance. En témoignant chaque année, en écrivant son désir de recevoir le solde de son prêt, il était entré dans l'espoir et dans la responsabilisation.

Je me reconnais aussi dans cette dynamique, car en moi navigue, toujours vivace, l'espoir (que j'ai en chaque être humain) que chacun puisse se respecter et me respecter en tenant les engagements pris. Et quand il m'arrive d'être étonné, déçu, blessé, alors, avec un peu plus de recul, je m'interroge : un signe, un message aurait dû m'avertir que cette personne n'était pas totalement fiable. Mais apparemment je n'ai pas voulu l'entendre ! J'en arrive à penser que bon sens et confiance ne vont pas ensemble. Tout se passe comme si le bon sens et la confiance n'émettaient pas sur la même longueur d'onde !

- Le bon sens veut s'appuyer sur du stable, du palpable, il est de l'ordre du charnel.
- La confiance est plus ludique, sensuelle, irrationnelle. Elle n'apprend rien de l'expérience, paradoxalement elle peut se renouveler et se poursuivre même après une tromperie, parfois quasi automatiquement, avec le même enthousiasme. Elle ne se décourage pas car elle s'appuie sur la confiance que nous avons en nous et que nous déplaçons et attribuons à l'autre !

« J'étais en amour et je me croyais aimé, j'ai cru qu'elle m'acceptait, puisqu'elle me chuchotait, dans l'abandon de l'amour, combien j'étais un compagnon important pour elle. Ce qui me paraissait donner un plus, un caractère sacré à notre rencontre. Et quand, des années plus tard, elle prétendit que je l'avais forcée, que je l'avais aimée contre son gré, qu'elle avait accepté notre relation pour ne pas me heurter, pour me faire plaisir, c'est moi qui me suis senti trahi et blessé à jamais. »

La relation intime semble être le champ d'élection préféré de beaucoup de malentendus, de tromperies et de trahisons.

Pour ma part, je continue à prêter à ceux qui me demandent (c'est à moi-même que je fais confiance), je m'abandonne sans retenue à partager mon intimité, en croyant qu'elle restera respectée (je fais confiance à ma propre sincérité). J'achète en confiance ce poisson pêché du jour (qui ne contient ni mercure ni métalloïde quelconque, me certifie le vendeur !) et je vais manger ce maïs splendide, aux couleurs si sympathiques (car certifié non transgénique par une étiquette interchangeable !).

Au fond, je ne demande qu'à croire. Car c'est moi qui ai besoin d'avoir confiance dans les autres, sinon l'invivable de l'existence m'assaillerait dès mon réveil, la méfiance, le doute, la parano au quotidien perturberaient toute mon existence !

Ainsi, chaque jour, je prends le risque de me tromper encore et encore, et d'avoir pour seul bon sens la croyance que je peux faire face, sans m'effondrer, à une déception possible.

C'est ce qu'on appelle l'espérance,
plus durable que l'espoir.

Faire confiance,
c'est se faire confiance

Cette amie m'a écrit pour m'offrir sa découverte du jour :

« Elle est belle et souriante, sa présence est toujours une embellie quand elle officie, telle une princesse hors du temps, splendide, sur une des places du marché d'Aix où, depuis des années, avec sa robe éclatante aux multiples couleurs, ses nattes flamboyantes et sa peau d'ébène, elle attire les regards tout autant que son étalage abondant et varié de bijoux, statuettes, châles et tissus africains.

Ce dimanche matin-là, je prenais le temps d'admirer de près de beaux colliers touaregs en argent. La vendeuse était déjà en échange avec une cliente qui essayait de nombreuses bagues, toutes plus belles les unes que les autres. Devant les hésitations de celle-ci, elle lui proposa soudain d'emporter une bague et même deux chez elle, de recueillir l'avis de son entourage pour faire son choix, et de lui ramener tout simplement le bijou non retenu le dimanche suivant. "Vous me paierez alors celle que vous aurez choisie !" dit-elle encore.

À la cliente indécise qui s'étonnait de la liberté de cette pratique, elle a répondu d'une belle voix douce de femme sans peur : "Bien sûr que j'ai confiance en moi ! Je fais cela très souvent et il n'y a pas de problème !" J'entendais malgré moi leur échange, et ce qui m'a fait écouter avec plus d'intérêt, c'est bien l'insistance de l'acheteuse qui posait des questions, s'intriguait de savoir "si tous les gens étaient honnêtes et ramenaient correctement les objets".

— Mais bien sûr ! lui répondit la vendeuse. Une fois seulement, une seule, j'ai eu une difficulté. Une femme que j'avais déjà vue plusieurs fois ne m'a pas rapporté une bague. Elle n'est jamais revenue ! Mais cela ne m'empêche pas de continuer ! Dans ma famille, nous avons toujours agi ainsi. Dans la confiance. Dans le respect de la parole donnée. Moi, je suis d'une famille de huit enfants, ma mère laissait toujours la porte ouverte chez nous ! Vous pensez bien qu'elle n'allait pas faire huit clefs pour que nous puissions entrer et sortir chacun à notre heure. Aussi nous laissions la maison toujours ouverte ! Et nous n'avons jamais été volés ! Nous fermions bien la porte ! À cause des chats, comme notre mère nous le demandait, c'est tout !

— Oui, mais c'était en Afrique, là où vous viviez certainement... Ici c'est différent tout de même !

— Là-bas ou ici, ce n'est pas parce qu'une seule personne n'a pas respecté l'accord que je vais changer ma croyance. Moi, je crois au bon et à l'honnêteté des gens ! Nous nous regardions, elle me parlait autant qu'à l'acheteuse potentielle et elle était si vraie, si avenante avec sa belle voix que je n'ai pu m'empêcher de lui dire :

— C'est bon, vous savez, de vous entendre parler ainsi.

— Moi, j'ai confiance en moi, c'est tout ! dit-elle en haussant légèrement les épaules.

Je lui ai offert spontanément une petite carte : "Soyez les poètes de votre vie."

— Ho ! dit-elle, son regard souriant soudain plus sérieux. C'est vous qui avez écrit cela ?

— Non, mais je voudrais vous confirmer que c'est bien à partir de la confiance que nous avons en nous-mêmes que nous pouvons faire confiance à l'autre, et surtout à soi pour renforcer notre confiance dans les autres, contrairement à ce qui se dit si souvent !

Je l'ai quittée sur son beau sourire confiant, que j'ai reçu comme un cadeau. Un de ceux qui se rencontrent plus souvent qu'on ne l'imagine, pourvu qu'on ait envie de les reconnaître. Ils sont quelquefois tout petits d'apparence, ces cadeaux, ils pourraient presque passer inaperçus si je ne me délectais pas autant de les dénicher là où ils se cachent, et même de les faire circuler. »

Car ils circulent, les petits cadeaux de la vivance de la vie, le savez-vous ?

Comme de petits éclats de rire, ils rebondissent et ils jouent à faire des ricochets sur les incertitudes de la vie.

Chemins de vie et autres sentiers vivaces
pour aller en confiance

Toute manifestation du vivant, qu'elle soit animée ou inanimée, est porteuse de sens, donc de mouvement. Toute rencontre est énergie de vie. Tout échange ou partage peut être ainsi entendu comme un cadeau offert aux forces vives de l'existence.

Être en confiance s'apprend aussi face à l'autre. Comme toute confiance ouvre à l'expérience du relatif et de l'imprévisible, nous voyons de quelles ouvertures et de quelles libertés elle peut être porteuse.

Communiquer en réciprocité veut dire oser mettre en commun, en dépassant nos peurs face à la différence et en acceptant ce qui peut venir de l'autre, dans le respect de ses valeurs, mais aussi dans le respect de soi.

C'est dans cette qualité de la présence à l'autre que la vie peut fleurir sans réticence, et le monde s'ouvrir à nos possibles pour nous accueillir sans réserve.

La confiance peut naître non seulement de l'acceptation que nous ressentons envers l'autre, mais surtout d'un ressenti intime vécu, intégré, que nous éprouvons à nous sentir reçus, amplifiés et valorisés par lui.

Par contre, faire confiance supposera d'avoir une sécurité intérieure suffisante, pour s'approcher, se confier, s'abandonner même face à l'imprévisible du comportement de l'autre :

- « Est-ce que je prends le risque d'ouvrir une relation de longue durée avec l'autre tel qu'il est aujourd'hui, mais aussi tel qu'il est en devenir, tel qu'il sera dans le futur ? »
- « Est-ce que je prends le risque d'être déçu, que l'autre ne réponde pas à mes attentes, qu'il puisse un jour me quitter, me trahir ou me confirmer ce que je redoute (confiance relative), que je puisse me tromper ? »

À l'automne de ma vie, je me considère encore comme un apprenti humaniste, c'est-à-dire comme quelqu'un qui garde une croyance très forte en l'homme, une incroyable foi dans les ressources de chacun d'entre nous. Même si, pour ma part, je ne les ai pas toujours reconnues et utilisées.

Même si j'ai rencontré à plusieurs reprises des déceptions et des trahisons, je garde un enthousiasme passionné pour les relations humaines. Je me vois au cœur de certaines relations comme un éveilleur, un passeur, un dérangeur qui invite chacun à oser vivre le plein de sa vie et, surtout, à accepter d'être heureux chaque fois qu'il le peut.

Mais, pendant longtemps, j'ai eu le sentiment d'être surtout un apprenti débroussailleur. J'invitais les gens à la démarche la plus éprouvante qui soit, celle de se responsabiliser, de sortir d'un double piège fréquent dans les relations humaines :

• Celui de l'accusation de l'autre : « C'est de ta faute, tu ne m'as pas aimé comme je t'aime, tu ne m'écoutes pas, tu n'es jamais là, avec toi on ne peut pas discuter, tu veux toujours avoir raison... »
• Ou celui de l'auto-accusation, quand nous retournons spontanément l'accusation contre nous-mêmes en nous appuyant sur notre grande habilité à nous victimiser : « Oui, mais moi je n'ai pas fait d'études comme toi, je n'ai pas la chance d'avoir des parents unis (ou fortunés), je n'ai pas les relations que tu as... »

« Ni accusation ni auto-accusation mais responsabilisation » ont été les maîtres mots de toutes les démarches que j'ai proposées comme formateur en relations humaines pendant près de trente ans. En tentant de faire découvrir à chacun, à tout âge, que nous sommes partie prenante dans ce qui nous arrive sans tomber ou nous réfugier dans la culpabilisation ou dans la dévalorisation de nous ou d'autrui. En m'appuyant sur un principe de base érigé en règle de vie : « Je suis partie prenante de tout ce qui m'arrive », j'en ai déduit que j'étais coauteur de toutes les relations qui font le tissu vivifiant ou mortifère de mon existence. Ce fut l'axe central de mon travail et, par la suite, de mes conduites face aux aléas de la vie.

Un autre chemin fut de découvrir que nous sommes fondamentalement des êtres de relation, que nous ne pouvons pas exister sans échanges et que les partages qui sous-tendent toute tentative de communication peuvent nourrir, vivifier ou maltraiter, dynamiser ou détruire la vivance de notre vie.

J'ai mis beaucoup de temps à admettre que le véritable enjeu de notre existence terrestre, c'est de produire de la vie. C'est en protégeant et en agrandissant la vie qu'il y a sur terre et dans l'univers que je suis au cœur de mon humanitude, c'est-à-dire le plus en accord avec l'essence de mon être.

Le véritable danger, vers lequel, me semble-t-il, nous glissons, nous dérapons depuis quasiment un siècle, c'est d'entrer dans un processus de stérilisation progressive de la vie. Il y a vraisemblablement moins de vie dans la vie des hommes et des femmes d'aujourd'hui (même si la durée de vie est trois fois plus longue et les conditions d'existence beaucoup plus facilitantes) que chez les hommes et les femmes d'il y a deux ou trois siècles. Tout se passe comme si la vie se dévitalisait, devenait moins dense, moins énergétisante. Comme si nous ne la nour-rissions pas suffisamment d'amour, de lumière et de conscience, étant de plus en plus conditionnés à l'exploi-ter, à la consommer et, de nos jours, à la manipuler avec quelques outrances et parfois beaucoup de violence.

En proposant quelques chemins de vie nouveaux, j'ose espérer une revitalisation de la vie pour tous ceux qui se sentiront concernés, autour de cinq points récurrents qui me paraissent essentiels.

• **Peurs et désirs**

Il me semble que la violence, l'injustice, la maltraitance exercées depuis des siècles sur la nature et les hommes, mais avec une accélération au cours du dernier siècle, sont à l'origine de cet appauvrissement sensible de la vivance de la vie.

Nous sommes non seulement des êtres d'amour et de violence, mais aussi des êtres aux peurs innombrables qui viennent des origines de l'humanité, du fin fond de l'enfance et aussi d'une actualité personnelle, sociale ou politique insécurisante qui déstabilise le présent et menace l'avenir.

La peur de l'inconnu, de l'imprévisible, la peur de ne pas savoir, de ne pas être aimé, d'être abandonné tenaille la plupart d'entre nous et nous entraîne le plus souvent à des conduites défensives, oppressives ou agressives. Mais si nous nous rappelons que la grande fonction des peurs est de cacher les désirs, nous pouvons alors tenter de retrouver le désir qu'il y a derrière chaque peur et de dynamiser autrement notre vie.

Un changement vital sera de réaliser ce pivotement intime, de découvrir qu'être et rester dans la peur, c'est se paralyser ou déclencher une fuite en avant, et qu'être dans une dynamique du désir, c'est être dans une énergie expansive, un mouvement vers l'autre, vers la vie, vers l'infini de l'horizon.

Certains, plus volontaristes, peuvent penser qu'il faut dépasser ou maîtriser ses peurs et même imaginer de les combattre.

Pour moi, il ne s'agit ni de les dépasser ni de les maîtriser ou de les combattre, il s'agit de les entendre et de les accepter comme une tentative désespérée de survie face à une menace, face à l'incompréhensible ou à l'incohérence. Quand on a compris cela, le chemin sera d'accepter de reconnaître nos peurs comme un langage possible. Si nous acceptons de déchiffrer ce langage, c'est tout l'univers du sensible, de l'intense, qui s'ouvrira en nous, c'est l'ouverture d'un passage possible allant de la survie à plus de vie.

La transformation des peurs, dans l'écoute des désirs qu'elles cachent, peut nous conduire à découvrir la face lumineuse de nos ombres. Si nous acceptons de ne pas fuir dans nos peurs, de ne pas les traquer et d'essayer de les entendre au lieu de vouloir les comprendre, nous apprendrons beaucoup de nous-mêmes et de notre propre histoire.

• **Être à l'écoute de ses émotions**

Les émotions sont le langage du retentissement. Quand un événement résonne en nous, notre émotion dit la couleur, la densité, l'écho de ce qui a été réveillé ainsi. Il y a, bien sûr, un élément déclencheur à toute émotion, ce peut être une parole, une conduite, un comportement ou un événement qui va toucher une zone sensible, remettre au jour une situation inachevée ou réveiller une intolérance, une blessure cachées.

Je crois que toutes les conduites réactionnelles tels l'agressivité, la rage, la colère ou le rejet sont des comportements écrans que nous plaçons entre nous et l'autre pour ne pas entendre ce qui a été blessé en nous.

J'appelle « retentissement » ce qui résonne en nous, ce qui est touché, réveillé, réactualisé par un message d'autrui dont nous recevons l'impact comme déstabilisant, menaçant, violent ou négatif.

On pourrait apprendre cela très tôt aux enfants, dès le début du cursus scolaire, car il y a, face aux émotions, des malentendus et des collusions qui vont les égarer et les entraîner à « produire » du réactionnel au lieu et à la place du relationnel, dont ils ont besoin pour se relier plus paisiblement au monde qui les entoure.

Les comportements réactionnels sont les langages de l'impossible pour tenter de dire l'indicible, avec des conduites souvent inadaptées.

Si les émotions sont des langages, l'enjeu sera d'oser entendre ce que nous voulons dire avec des pleurs, ce que nous souhaitons exprimer ou cacher avec des rires, avec des colères, avec des silences, des blocages ou des réactions somatiques par rapport à ce qui est touché et atteint en nous, et non par rapport à ce qu'a fait l'autre.

• **Passer du comprendre à l'entendre**

Nous essayons souvent de comprendre, pour mieux maîtriser une situation, en posant des questions. C'est ce que j'appelle le « syndrome des fausses questions ». Fausses questions pour lesquelles (hélas) nous obtenons des réponses qui déboucheront trop souvent sur de la pseudo-compréhension.

Combien de fois vais-je rester bloqué sur des « pourquoi » qui portent l'interrogation sur l'autre, au lieu de rester centré sur l'impact qu'a eu sur moi ce que l'autre a fait ou n'a pas fait ? « Mais pourquoi a-t-il fait cela ? Je ne comprends pas pourquoi il ne m'a pas averti ! Je voudrais savoir pourquoi il n'a pas fait ce que je lui avais dit ! » Nous pouvons multiplier les « pourquoi » à l'infini sans avancer d'un pas. « Pourquoi m'a-t-elle quitté ? »,

« Pourquoi ne m'aime-t-il plus ? », « Pourquoi je tombe toujours sur quelqu'un qui me trahit ? », « Pourquoi je dépense toujours trop... ? »

Avec ce type de questions, qui sont des tentatives pour se réassurer (mais non pour changer !), nous risquons de tourner en rond et de nous éloigner de l'essentiel. Car plus nous cherchons à comprendre, moins nous allons entendre.

L'enjeu des relations humaines dans un premier temps n'est pas tant de comprendre que d'entendre. Essayer d'entendre les messages qui sont exprimés à travers des actes, c'est pouvoir accéder au sens de ce qui nous arrive.

• **Mettre en commun**

Rappeler que nous sommes au moins trois dans toute relation, les deux protagonistes et la relation qui se tisse entre eux, n'est pas inutile. Et nous sommes parfois beaucoup plus, si nous nous laissons polluer par l'irruption d'un tiers, qui risque de parasiter l'échange principal. La question centrale de toute tentative de communication sera : « Que mettre en commun ? » Ensuite viendra le « comment ? ». Par quels messages sera alimentée la relation, en fonction du sentiment dominant qui m'habite à un moment donné : ai-je de l'affection, de la tendresse, de l'amour, de la sympathie ou de l'ambivalence, de la gêne, de la répulsion ? Comment cette relation sera-t-elle nourrie à mon bout et comment sera-t-elle alimentée à l'autre bout, par celui qui me reçoit ou me refuse ?

Une relation est un canal irrigué non seulement par des mots, des gestes, des comportements ou des conduites, mais aussi par des sentiments, des perceptions, des croyances. Ce peut être l'équivalent d'un pont qui relie deux êtres, ce peut être un lien qui maintient proche, stimule, amplifie, à condition que ce lien n'attache pas, ne contraigne pas. Relier ou unir ne veut pas dire attacher ou posséder, cela veut dire créer une entité nouvelle pour rassembler des différences, des complémentarités ou constater des divergences.

Le mot « lien », au sens originel du terme, se réfère à trois brins d'épis de blé torsadés ensemble qui permettaient autrefois de nouer une gerbe, autrement dit de rassembler plusieurs épis qui auraient pu s'éparpiller. De les rassembler provisoirement pour en faire une gerbe, entre le temps de la moisson et celui du battage, pour en extraire le grain fertile.

Le lien est donc destiné, dans un premier temps, à rassembler et, dans un second temps, à être défait pour redonner à chacun des épis sa liberté, son unicité. La notion de lien est très complexe. Elle tourne autour de cette idée de rapprochement, de rassemblement et, en même temps, de la nécessité d'être suffisamment souple, libre et ouvert pour laisser à chacun dans le temps d'une relation l'espace de liberté, de vie et de confiance qui lui revient.

• **Prendre le risque d'un questionnement ouvert**

Dans un échange, nous posons une question, l'autre doit pouvoir être libre de sa réponse.

Parce que si nous posons une question et que nous attendons la réponse que nous souhaitons, ce n'est pas une demande, c'est une exigence déguisée.

C'est risquer d'enfermer l'autre dans notre propre attente.

Quand nous prenons la liberté de faire des demandes, nous devons prendre le risque de la réponse de l'autre !

Par manque de confiance en nous-mêmes, si nous avons peur que l'autre n'entre pas dans notre désir, qu'il le déçoive ou qu'il ne l'entende pas, nous risquons de vouloir le contrôler, voire le manipuler.

La confiance en soi s'appuie sur quelques balises comme l'estime de soi, la reconnaissance de ses ressources et de ses limites, de ses zones d'intolérance et de vulnérabilité. C'est une conquête à entretenir, à agrandir et à offrir comme un cadeau à soi-même.

Ce n'est pas un concept abstrait, c'est une sorte de chemin possible plus vivant, plus centré, plus cohérent. C'est une démarche de positionnement dans laquelle, quand nous avons suffisamment de sécurité intérieure, nous pouvons accepter l'irruption de l'imprévisible avec ses gratifications possibles ou ses frustrations.

Communiquer en ce sens peut devenir une ascèse qui suppose rigueur, centration, ancrage et acceptation de ce que je suis aujourd'hui, acceptation de ce qu'est l'autre en face de moi, dans l'instant, dans l'ici et maintenant de la rencontre.

Si nous acceptons d'entendre que la tendresse est la sève de la vie, nous comprendrons mieux que si dans une relation ne circule pas de tendresse, la vie reste en attente d'être fécondée.

Une relation vivante et en santé
sera celle qui donnera le plus de liberté d'être
à chacun des protagonistes dans la rencontre
et les échanges qu'ils auront.

On peut écouter son corps chanter...

Pour la plupart d'entre nous il est habituel, normal de faire des tentatives, avec plus ou moins de spontanéité et de savoir-être, pour accueillir, entendre, partager, échanger, bref tenter de mettre en commun avec un proche nos ressentis, nos idées et parfois nos sentiments ou nos rêves. Nous sommes des êtres de relation, percevant plus ou moins intuitivement que, même si nous la maltraitons parfois, la communication est indispensable à notre existence, à notre équilibre de vie. Mais toute tentative de communication interpersonnelle s'appuie (ou est freinée) par la qualité (ou la pauvreté) de la communication intrapersonnelle, celle que nous pouvons avoir avec nous-mêmes. Aussi devient-il passionnant d'ouvrir de nouveaux chemins vers une mise en commun plus créatrice avec soi.

Chacun d'entre nous peut, s'il le souhaite, entendre chanter son corps. C'est relativement simple. Si c'est la première fois, il suffit de choisir un moment où vous êtes seul, de fermer les yeux et placer chacun de vos index dans le conduit de chacune de vos oreilles, de façon à les boucher hermétiquement. Puis d'écouter, simplement écouter. De s'écouter ainsi en s'immergeant à l'intérieur de soi. Des sons timides au début, puis de plus en plus affirmés, des bruissements de feuilles fraîches, des murmures d'eau étonnés, des ruissellements hésitants, des clapotis venus de l'infini, des roulis de vagues portés par le flux et le reflux d'une mer lointaine, à moins que cela ne soit les murmures prudents de la respiration du monde.

Vous entendrez des vibrations qui vous feront découvrir, comme à tous ceux qui ont fait cette expérience, que votre corps chante, qu'il produit une musique seulement audible pour vous, pour l'instant. Et si en plus, pendant que vous avez les yeux fermés et les oreilles bouchées, vous souriez, alors vous constaterez que votre musique intérieure change de rythme, prend de l'ampleur, agrandit son mouvement, vous porte plus loin.

Cela vous confirmera un précepte bouddhiste qui enseigne que, lorsque nous rencontrons une difficulté, nous pouvons lui sourire et que celle-ci alors change de pôle, modifie sa dynamique...

C'est mon ami le chanteur Julos Beaucarne qui m'a sensibilisé à cette écoute en s'interrogeant devant moi, en se demandant s'il existait des techniques possibles pour enregistrer cette musique. Après avoir vécu l'expérience, je n'en vois pas pour ma part la nécessité. Cette musique est disponible, chez chacun, à tout instant. Cela ne requiert que d'avoir les deux mains libres et de prendre le risque de fermer les yeux. Fermer les yeux, c'est se faire une confiance inouïe à soi-même et à son entourage...

Il suffit de n'être occupé à rien,
seulement à être.
Ce qui peut constituer pour certains un handicap,
tant ils sont prisonniers du faire...

Si mon invitation, comme celle qui me fut faite par Julos Beaucarne, à écouter votre musique intérieure a retenu votre attention, je vous invite à prendre un peu de votre temps pour tenter cette aventure. Et si vous êtes deux, installez-vous l'un en face de l'autre, yeux fermés, oreilles bouchées... Votre plaisir s'en trouvera multiplié et peut-être aurez-vous la confirmation des possibles d'une communication intime qui va bien au-delà de nos regards et gestes habituels.

Peut-être aussi que cela ouvrira un chemin pour développer d'autres sens, en particulier celui de s'étonner et de s'émerveiller.

Le mieux-être,
cela peut s'apprendre

Nous sommes (il n'est pas inutile de le souligner à nouveau) d'une créativité incroyable, d'une fécondité sans limites et d'une ténacité à toute épreuve pour entretenir, cultiver et développer souffrances, peurs et ressentiments, tout en pestant contre ceux que nous accusons d'être à l'origine de notre mal-être.

Mais je crois aussi que nous pressentons tout au fond de nous qu'il y a une créativité encore plus ardente, avec une fécondité vivante et un enthousiasme toujours en éveil, la possibilité permanente de cultiver sinon le bonheur, du moins la possibilité d'être un meilleur compagnon pour soi-même, pour accéder ainsi au maximum de nos potentialités.

Le bonheur circule librement dans chaque espace de notre vie. Peut-être pas dans toutes les parties du monde au même moment, mais dans de nombreux endroits et dans beaucoup de moments, plus souvent que nous ne l'imaginons.

Nous pouvons apprendre à le recevoir comme un

cadeau de la vie, un cadeau gratuit si nous savons l'accueillir et lui faire une place dans notre existence.

Imaginons simplement que chacun de nous puisse être le jardinier de son propre bonheur.

Le bonheur ou plutôt les alliés du bonheur s'apprivoisent, se cultivent et s'entretiennent à partir de quelques règles de vie simples.

Je ne possède pas la recette du bonheur, pas plus que je ne peux en être le créateur, seulement le dépositaire par instants. Je n'ai pas de pouvoir sur lui, seulement la possibilité de préparer le terrain, de m'ouvrir, de l'accueillir quand il se présente, et de l'amplifier si je sais le reconnaître et m'accorder à lui.

Ainsi, nous pourrions préparer nos enfants à plus de disponibilité pour être heureux, non en fonction de leurs attentes, mais en relation directe avec leurs propres découvertes, leurs propres moyens et leurs limites.

• **De nouveaux apprentissages à envisager avec nos enfants**

Nous pourrions, par exemple, non pas répondre à leurs désirs, mais leur permettre d'y répondre par eux-mêmes. Et ainsi de mieux les mettre face à l'impérialisme de certains de leurs désirs pour les aider à faire des choix, pour en transformer quelques-uns en projets, c'est-à-dire commencer à les confronter à la réalité. Car avoir des désirs, c'est avoir une occasion inouïe de développer motivations, créativités et compétences.

Nous pourrions les aider à mieux reconnaître les sentiments réels qui les agitent, à se sentir responsables de ce qu'ils éprouvent. Et leur apprendre à prendre soin de leurs besoins, à mieux gérer leurs sensations dans l'ici et maintenant d'une situation, à être sensibles aux ressentis, aux émotions qui circulent en eux, afin de pouvoir les reconnaître et les nommer.

Nous pourrions aussi les rendre plus lucides vis-à-vis des collusions possibles entre les sentiments envers une personne et la relation qu'ils peuvent avoir avec elle. C'est trop souvent l'amalgame entre sentiment et relation qui leur laisse croire qu'ils peuvent être mieux aimés (s'ils se soumettent à nos attentes) ou l'inverse (qu'ils peuvent perdre notre amour s'ils nous déçoivent !).

Cela nous contraint à renoncer à des phrases stéréotypées du type :

« J'aimerais que tu fasses enfin tes devoirs ! »

« J'aimerais que tu dises ce que tu as dans la tête ! »

« J'aimerais que tu arrêtes d'embêter ta sœur. »

« J'aimerais que tu fasses ta chambre ! »

Car de telles formulations, même si elles ne correspondent pas à nos intentions, laissent croire implicitement à nos enfants qu'ils seront plus aimés... s'ils rentrent dans nos désirs, ou moins aimés s'ils s'y s'opposent !

Il nous appartient de leur faire des demandes plus claires, plus explicites :

« Je te demande de nettoyer ta chambre. »

« Je te demande un coup de main pour ranger le garage. »

139

Cela les aidera également à faire eux-mêmes des demandes plus claires, plus directes, moins chargées de frustrations à venir.

• **Des règles d'hygiène relationnelle à intégrer**

À partir de là, il serait possible de leur proposer quelques règles d'hygiène relationnelle qui ouvrent des voies d'accès au mieux-être dans les relations qui pour eux sont les plus significatives. Tout en évitant, ou en diminuant, les pollutions parfois inévitables de la vie et des rencontres, plus ou moins toxiques, qui jalonnent leur existence et que nous laissons trop souvent devenir de véritables poisons, en particulier quand elles se prolongent.

Nous pouvons aussi favoriser chez les enfants (ou les ex-enfants) une démarche pour désencombrer, défricher, désherber, les voies d'accès au mieux-être dans la relation à eux-mêmes, à leur corps, à leur sensibilité et à leurs ressources.

Leur apprendre à trouver le temps de goûter, de savourer la vie qui palpite en eux.

Les stimuler à se faire le cadeau d'enrichir l'un ou l'autre des registres de leurs sens, comme agrandir son regard, mieux écouter, sentir plus profond, s'approcher, toucher sans s'approprier...

Leur donner suffisamment de confiance pour accepter de se laisser émouvoir, de se laisser aller à vibrer et apprendre ainsi à développer un sixième sens, celui de s'émerveiller devant l'imprévisible et les multiples nuances de la vie.

« Qu'ai-je fait aujourd'hui que je n'avais jamais fait jusqu'alors ? »

« Qu'ai-je découvert que je ne connaissais pas encore ? »

- Nous pouvons leur proposer de s'aventurer sur les sentiers du mieux-être dans leur relation avec la nature, avec l'environnement immédiat, et ainsi mieux se relier à la planète Terre, qui a accueilli l'homme inconditionnellement depuis plus d'un million d'années.
- Nous pouvons les inviter à commencer une démarche de recadrage de leur passé, de leur histoire, de celle de leurs parents, et leur permettre d'entendre aujourd'hui différemment ce qu'ils avaient entendu et vécu dans leur enfance, ce qui les avait blessés, meurtris ou qu'ils avaient ressenti comme injuste ou incompréhensible.
- Nous pouvons susciter en eux un nouveau balisage de leurs relations au quotidien et apaiser les souffrances engrangées qui peuvent encore être présentes aujourd'hui en eux.
- Nous pouvons leur proposer de prendre en charge le petit garçon ou la petite fille apeuré, meurtri, maltraité qu'ils ont été et les réconcilier avec leur enfance.
- Nous pouvons aussi tenter de leur apprendre comment grandir de l'intérieur, en comprenant mieux les enjeux complexes de leur arrivée au monde à un moment donné de l'histoire du couple de leurs parents.

• Des balises à respecter

Accepter de se fier à quelques balises sur les chemins de notre vie, à quelques ancrages possibles pour un accès au mieux-être, directement accessibles à chacun.

- En prenant conscience que le pire oppresseur que je rencontre tous les jours… c'est moi-même. Chaque fois que je me dévalorise, me disqualifie, chaque fois que je rumine mes ressentiments, mes rancœurs, mes amertumes, j'emprisonne et je maltraite mes possibles.
- En apprenant à « sortir » ou à dépasser les injonctions que je me donne : « Tu dois… », « Il faut que… », « Tu n'as pas le droit… », pour les remplacer par une écoute plus ouverte de mon présent, de ce que je vis ici et maintenant : « Qu'est-ce que je ressens ? », « Que se passe-t-il pour moi à l'instant ? »
- En découvrant, par exemple, que derrière chaque peur il y a un ou plusieurs désirs. Oui, même si c'est surprenant, même si c'est difficile, je peux tenter d'écouter en moi les désirs qui se cachent, qui se terrent derrière chaque peur, aussi petite, aussi effrayante soit-elle.

**Devenir adulte, ce n'est pas ignorer la peur,
c'est ne plus en être la victime consentante.**

- En augmentant ma capacité à passer du réactionnel au relationnel, en prenant le risque de dire mon ressenti, en invitant l'autre à exprimer le sien. Mais cela n'est pas toujours suffisant. Devant toute manifestation d'autrui, je peux apprendre à reconnaître ce qui est touché en moi, blessé, heurté ou comblé.

• En étant à l'écoute de mes sentiments réels, je peux arrêter de produire des sentiments écrans qui sont des projections que j'attribue à l'autre, et qui font des barrages, qui renforcent les obstacles à la rencontre positive avec lui, et entretiennent des leurres qui me sont préjudiciables pour la rencontre avec la réalité.

• **Des balises à cultiver dans le jardin du mieux-être**

• Ne pas confondre le désir et sa réalisation, la demande et la réponse. Ne pas mélanger le désir, qui est dans l'imaginaire, avec sa réalisation, qui suppose le passage (à l'aide de moyens concrets) dans la réalité.
• La demande est chez celui qui la formule... la réponse est chez l'autre.
• Accepter d'apprendre le b-a ba de la relation en nourrissant positivement les relations essentielles dans un premier temps, et les autres ensuite.

Comment cela est-il possible ? En refusant d'entrer dans la soumission ou dans l'opposition, en proposant la confrontation.

Car je dispose d'un pouvoir fabuleux, dont j'ai la disposition permanente, celui de confirmer autrui. La confirmation est la possibilité de dire simplement à l'autre : « Oui, j'ai entendu ta demande, ton point de vue, ton désir, ta croyance. J'ai entendu ta position, ton intention, ton projet. Tout cela est chez toi. »

- Quand j'ai pu confirmer autrui, je peux prendre le risque de me définir à mon tour. « J'ai entendu ton désir de partir en stop avec deux copines faire le tour de la Toscane, et je trouve que c'est un beau désir. Pour sa réalisation, je préfère que tu le reportes à l'an prochain, car il y a beaucoup d'obstacles pour transformer ton désir en projet et de points de détails à clarifier... »
- Chaque fois que je me positionne clairement, je permets à l'autre de le faire également plus clairement : « Il m'appartient de me positionner pour te dire où j'en suis dans mon point de vue, dans mon désir, dans ma croyance. Te dire ma position, mon intention, mon propre projet. Je peux ensuite mieux évaluer ce que nous avons en commun ou ce qui nous différencie, voire ce qui nous sépare. »
- Chaque fois que je m'affirme dans ma différence, je prends le risque de renoncer à l'approbation d'autrui. Je prends le risque de le voir s'éloigner, me juger, me rejeter, et parfois je risque aussi de perdre son affection ou son amour, si j'ai touché en lui son seuil de tolérance, si j'ai heurté une croyance essentielle chez lui, si j'ai blessé ses convictions. C'est le risque de toute relation qui devient significative.
- Je peux changer mon regard sur un événement, sur une situation, et surtout en rechercher le sens, si j'accepte que tout est langage. Si je reconnais que je suis partie prenante dans tout ce qui surgit dans ma vie. Si je sors

de l'accusation d'autrui ou du monde entier, alors je peux enfin entendre que ce qui m'arrive a toujours un sens, c'est à moi de le trouver, de le décrypter, de le décoder, de le découvrir pour l'intégrer dans mon quotidien.

• Il m'appartient de renoncer à vouloir changer autrui en sachant que je peux, cependant, changer ma relation à autrui.

En écoutant au-dedans de moi
les clins d'œil du bonheur,
je peux retrouver et parcourir
tous les chemins de la tendresse.

Car l'enfantement du bonheur commence par la tendresse que nous pouvons avoir à l'égard de la vie et se poursuit dans les solidarités multiples qui peuvent nous relier et nous prolonger pour rencontrer le meilleur de l'autre.

Nous l'avons compris, le mieux-être est un pas important pour aller à la rencontre du bonheur. Un mieux-être dans la tendresse retrouvée à l'égard des parents, des enfants, des proches.

Le bonheur prend alors les couleurs de la guérison des blessures anciennes, liée à la clarification des malentendus, des incompréhensions, des injustices et des humiliations passées.

- Bonheur des mots enfin jaillis du silence, de la libération des sentiments que j'ose enfin reconnaître comme miens.
- Bonheur des larmes reçues, redevenues rires.
- Bonheur qui peut surgir dans la rencontre amoureuse, bien sûr.
- Bonheur dans la tendresse à l'égard de soi-même qui a le goût de la croissance, de l'accompagnement.

Le bonheur en chacun a des ancrages infimes et puissants à la fois, dont la source est tellement ancienne au profond de l'être que même la maladie, la vieillesse, les épreuves ne la détruisent pas. Après chaque épreuve, chaque atteinte, chaque chagrin, le bonheur peut ressurgir, tout à coup, plus intérieur, plus paisible... J'ai vu des gens mourir heureux d'avoir été vivants.

Je peux ainsi, au fil de ma recherche, découvrir, éprouver et mettre à l'épreuve des habitudes au bonheur. Le bonheur n'est pas à l'extérieur, il n'est pas la possession de quelques-uns ou de quelqu'un en dehors de moi, il est en moi. De façon éphémère, fragile, accessible parfois, inaccessible à d'autres moments, car pris entre des champs de force qui souvent me dépassent, que je ne comprends pas toujours, qui me bousculent.

Apprendre à être heureux, oui, mais cette matière ne s'enseigne pas, avec ou sans guide. Peut-être est-il possible avec quelques repères (tels ceux que je viens de proposer) d'avancer sur le chemin.

Puis-je reconnaître que ma vie n'a de sens que tendue vers le bonheur d'être le plus vivant possible ! Surgissement fragile, inouï, aléatoire, mais présent à chaque instant de mon existence.

Oui, je peux être attentif à ne pas collaborer, ni entretenir tout ce qui peut détruire la vie en l'homme.

Minuscules aperçus
sur la normalité ordinaire

Je suis normal, et vous ? Certainement comme moi, avec évidence, sans trop me poser de questions ! En effet, à de rares exceptions près, je n'ai jamais remis en cause ma normalité. Je veux dire par là qu'il me semblait que j'avais, même face à des situations un peu stressantes, des comportements, des conduites qui me paraissaient la plupart du temps adéquates à la situation, adaptées aux événements que je vivais.

Je me souviens cependant d'une certaine soirée, sur l'autoroute entre Lyon et Avignon, où je fis preuve d'un comportement singulier.

Il était une heure du matin, après une conférence, je rentrais chez moi et je roulais paisiblement, quand soudain un de mes pneus s'est dégonflé. J'ai pu me garer sans dommage sur la bande d'arrêt d'urgence et je suis sorti de ma voiture en pestant contre le mauvais sort. Cela faisait plus de dix ans que je n'avais pas changé un pneu de voiture et je ne savais même pas où se trouvait la roue de secours !

Après avoir ausculté (avec beaucoup d'attention) le

fascicule du constructeur, j'ai découvert où se trouvait le pneu de rechange et le cric et j'ai enfin trouvé la manivelle pour desserrer les roues. Au bout d'une demi-heure d'efforts (le mistral soufflait avec violence), j'avais enfin sorti la roue abîmée et j'ai tenté de mettre en place la roue de rechange. Mais plus de deux heures après, je n'avais pas encore réussi à placer les quatre trous de ma roue face aux quatre boulons destinés à y rentrer.

Le vent se déchaînait et j'avais le sentiment que tous les éléments se liguaient contre moi. J'étais fatigué, désespéré, à bout de nerfs, seul au monde face aux rares camions qui passaient en trombe près de moi ; malgré tous mes efforts, je n'arrivais toujours pas à positionner ma roue.

Et soudain, laissant tout en place, je me suis relevé, hors de moi, je me suis mis à crier et j'ai commencé une sorte de danse du scalp autour de ma voiture, gesticulant, hurlant, lançant des incantations barbares dont les sons avaient, cela m'a surpris, des intonations familières.

Je tournais ainsi autour de ma voiture, comme une espèce de sorcier indien ou africain immergé dans un rite ancien. Je me suis arrêté quand j'ai vu dans un éclair la tête ahurie d'un camionneur qui avait ralenti et qui paraissait un peu épouvanté du spectacle qu'il voyait au bord d'une autoroute française.

Dans une même impulsion, je me suis baissé, j'ai pris la roue sans aucun effort, sans hésitation, je l'ai positionnée, reboulonnée. À cinq heures du matin, j'étais dans mon lit.

Je ne suis jamais revenu sur cet incident, me gardant

de réfléchir ou d'analyser ce phénomène, mais je sais que nous pouvons être parfois habités par des forces qui dépassent notre volonté et traversent notre raison sans que rien ne puisse s'y opposer.

Je me sens normal, vous aussi bien sûr, ceux qui ne le sont pas (du moins le croyons-nous !), ce sont les autres, enfin ceux qui nous dérangent, nous inquiètent parce que leurs conduites, leurs gestes, leurs paroles, paraissent incompréhensibles. Ceux qui ne nous paraissent pas normaux sont tous ceux qui semblent inaccessibles à nos conseils, à nos raisonnements, qui n'en font qu'à leur tête ou encore tous ceux qui persévèrent dans des comportements trop atypiques et un peu inquiétants… Installés confortablement dans ce que nous pensons être notre normalité avec une image de nous-mêmes acceptable, non menaçante, nous en venons à penser que ce qui nous paraît curieux ou gênant chez l'autre doit être changé chez lui.

Mais un jour, chacun d'entre nous peut se voir confronté à l'émergence d'un aspect de lui-même curieux, déstabilisant, être entraîné dans une compulsion qui échappe à son contrôle, se mettre à produire des actes répétitifs, inattendus, dont la nécessité ou la destination n'est pas évidente. Cette femme nous dira :

« Un dimanche matin je préparais un pot-au-feu – c'était le plat préféré de ma mère –, et soudain, en triant et en épluchant les légumes, j'ai vu, là, étendu sur la table, le corps de ma mère. Et je me suis vue taillant dedans de larges morceaux que je mettais dans la marmite. Je faisais ce

pot-au-feu avec le corps de ma mère ! Oui, avec le corps de ma mère que je débitais en morceaux ! Cela dura jusqu'à ce que je referme le couvercle. Au moment où je faisais tous ces gestes, leurs sens m'échappaient. C'est plus tard que j'ai entendu ce que j'avais fait. Depuis toute petite, je trouvais ma mère trop grosse et j'avais honte de son corps, comme du mien. Je me suis rendu compte que j'avais repris une phrase de mon père quand il lui avait crié un jour, dans un moment de colère : "Mais il faudra un jour tailler dans toute cette bidoche que tu as en trop !" Après cette vision insensée, quelque chose s'est apaisé en moi et ma relation avec ma mère s'est beaucoup, beaucoup améliorée. »

Un homme marié depuis vingt-huit ans nous confirme :

« Après une dispute avec ma femme, pendant tout un week-end, j'ai bricolé dans mon atelier un cercueil. Je savais sa hauteur mais, pour sa taille, je suis allé chercher dans l'armoire un de ses chandails pour mesurer la largeur. Rien n'aurait pu me raisonner, il fallait que je fasse ce cercueil et surtout que je le fasse pour elle, à ses dimensions ! Comme si c'était elle qui me l'avait demandé, il fallait à tout prix que le cercueil soit prêt pour le dimanche soir. Quand je l'ai eu terminé, je suis rentré dans le salon où elle lisait et je lui ai simplement dit : "J'ai fait ce que tu m'avais demandé." Je ne sais pas à quoi elle pensait à ce moment-là car elle m'a répondu : "Ah, c'est pas trop tôt, j'espère que c'est bien fait." Je me suis couché ce soir-là sans manger et j'ai dormi jusqu'au matin. Je n'ai jamais reparlé avec elle *de tout cela. Dans la semaine, profitant d'un moment où elle était absente, j'ai brûlé le cercueil. Un an plus tard, jour pour jour, je l'ai quittée à jamais.* »

Ainsi, des flammèches de folie comme les cendres brûlantes ou la lave incandescente qui surgissent d'un volcan mal éteint apparaissent-elles dans l'existence banale, trop banale, d'hommes ou de femmes normaux qui paraissent mener une vie de tout repos !

« Je langeais mon bébé. Est-ce à cause d'un geste qu'il fit ou de ma propre maladresse qu'un flacon d'huile d'amande douce tomba à terre ? J'ai pris soudain une serviette mouillée avec laquelle je me suis mise à frapper de toutes mes forces mon bébé de six mois en criant comme une folle : "Vas-tu cesser de me persécuter, vas-tu t'arrêter, oui !" C'est la sonnerie du téléphone qui arrêta mon geste. Mon fils a aujourd'hui six ans et je ne l'ai jamais plus frappé... »

Pour certains, ces gestes ou ces paroles semblent être faits ou énoncés par quelqu'un d'autre qu'eux-mêmes, comme si la responsabilité ne leur appartenait pas.

Pour d'autres, tout se passe comme si ces gestes, ces comportements se rapportaient à une mémoire plus ancienne, plus archaïque. Comme s'il y avait une remontée brutale de souvenirs oubliés, une irruption de vies parallèles. Ces passages à l'acte d'une violence inouïe ont une valeur cathartique et purgent certainement des contentieux anciens, trop longtemps retenus, contenus.

Ainsi quand des pensées, des comportements, s'incarnent en nous, prennent possession de notre corps, juste le temps de se dire, d'exister, puis disparaissent, s'effacent et nous laissent étonnés, incertains ou songeurs sur la réalité de notre normalité, nous pouvons penser tout de même que nous sommes normaux.

Oui, j'ai encore quelques certitudes

Dans ma jeunesse et jusqu'à l'aube de ma vie d'adulte, j'avais beaucoup de certitudes, des croyances en fait (comme j'allais le découvrir plus tard) qui accompagnaient les moments forts de mon existence. Dans mon enfance il y en avait une en particulier, liée à la pensée magique : quand j'avançais sur le chemin de l'école, marchant sur le bord extrême du trottoir, j'étais persuadé que, si j'arrivais jusqu'au bout de la rue en ne marchant pas sur les traits dessinés sur le sol, je ne serais pas interrogé en calcul (mon point faible et donc mon cauchemar) !

Je croyais aussi que, si je laissais la fenêtre de ma chambre ouverte sur l'inconnu (rempli de dangers) de la nuit, faisant ainsi la preuve de mon courage, la petite Marion dont j'étais follement amoureux s'intéresserait plus à moi qu'à mon rival (qui était blond, lui, et si gentil avec elle !).

De même, jeune adulte, j'avançais dans la vie, confiant, en m'appuyant sur des certitudes et des croyances que je croyais éternelles. J'étais persuadé qu'elles étaient des

154

vérités intangibles, inattaquables, immortelles, qui ne pouvaient se dérober sous moi ou disparaître, puisqu'elles étayaient de grands pans de ma vie. Elles étaient comme des ancrages, des balises d'une solidité à toute épreuve. J'avais la certitude que la jeune fille de mes dix-huit ans m'aimerait toujours et bien sûr qu'il en serait de même pour moi ! Que ma mère ne pouvait mourir et surtout que je ne pouvais mourir avant elle, car cela aurait été une trahison épouvantable pour cette femme dont j'étais le fils adoré ! Que la parole donnée par mon meilleur ami était ce qu'il y avait de plus fiable au monde ! Que la plupart des gens étaient honnêtes et sincères, surtout quand je l'étais avec eux !

Je ne savais pas encore, mais j'allais le découvrir douloureusement, que ce que je croyais être des certitudes n'était en fait que des croyances, dont certaines très très fragiles. En découvrant que celle qui prétendait m'aimer pour toujours pouvait quand même me quitter pour un autre. Que ma mère était mortelle (ainsi que moi-même !). Que nous n'étions trahis que par nos amis et qu'une parole donnée n'avait pas beaucoup de valeur quand il s'agissait d'enjeux financiers puissants.

Je découvrais, avec un étonnement mêlé d'amertume, que même les croyances peuvent muter et qu'au fond, nous les humains n'avions qu'une seule certitude, c'est qu'un jour nous allions mourir. Mes certitudes n'étaient que des croyances relatives, plus ou moins fortes, plus ou moins nécessaires, inscrites dans les strates de mon histoire ou découvertes à travers les rencontres, les expériences, les prises de conscience qui jalonnent une existence.

Et puis, avec l'âge, j'ai découvert que j'avais tout de même quelques certitudes auxquelles je tenais, qui me rassuraient, auxquelles j'avais besoin de m'accrocher comme à une bouée et qui, je l'espérais, pourraient être plus durables et fiables que mes croyances antérieures.

La plus évidente aujourd'hui, pour moi, est la certitude que nul ne sait à l'avance la durée de vie d'un amour. Que ni ma bien-aimée ni moi ne savons à l'avance si notre amour résistera à l'usure du temps, à la monotonie du quotidien, aux épreuves et aux péripéties d'une vie pleine d'avatars, susceptible d'être bousculée par l'imprévisible, violentée par des épreuves à traverser et des souffrances à vivre. Et qu'en conséquence il faut prendre soin de cet amour, ne pas hésiter à le protéger et surtout l'aimer pour lui assurer une durée de vie aussi longue que possible.

**C'est fou ce que l'amour
a besoin d'être aimé
pour rester amour !**

J'ai découvert que je devais prendre soin de mes besoins relationnels – besoins de se dire, d'être entendu, d'être reconnu, d'être valorisé, d'avoir une intimité et la possibilité d'influencer mon environnement immédiat –, car il y a un lien très étroit entre la satisfaction de ces besoins et la santé physique et psychologique.

J'ai découvert aussi :

- Qu'il ne suffisait pas d'avoir de la volonté pour avancer et réussir dans mes rêves et mes projets, mais aussi de la cohérence, de la rigueur et une compétence réelle pour dépasser les obstacles et les échecs.
- Que la prise de conscience n'est pas suffisante pour changer, qu'il faut quelque chose de plus : s'en donner les moyens ! Ma grand-mère disait : « J'ai pris conscience ce matin que le pneu arrière de mon vélo était crevé, c'est curieux, cela ne l'a pas regonflé ! »
- Qu'il est important de ne pas me laisser définir par les autres (ou un proche) si je veux continuer à pouvoir me respecter.
- Qu'il est tout aussi important d'apprendre à dire non quand la demande de l'autre ne correspond pas à mes valeurs, à mes désirs ou à mes besoins.
- Que m'affirmer c'est prendre le risque de ne pas avoir l'approbation de l'autre et donc d'avoir à me confronter aux rejets, aux jugements de valeur et parfois à la solitude.
- Que la pire des solitudes n'est pas d'être seul, mais de s'ennuyer en sa propre compagnie. Et qu'il m'appartient donc d'apprendre à être un bon compagnon pour moi-même !
- Que si une relation veut rester vivante, il est important de la nourrir de messages positifs et valorisants pour entretenir chez l'autre et en soi la vivance de la vie, une énergie dynamisante, l'amour et la confiance en soi.

- Que le plus beau cadeau que l'on puisse faire à un enfant n'est pas tant de l'aimer que de lui apprendre à s'aimer.
- Que l'homme peut être fondamentalement bon, mais que c'est un prédateur redoutable, non seulement à l'égard d'autrui, mais surtout à l'égard de lui-même dans sa capacité et sa créativité à s'autosaboter, à se violenter et à se détruire.
- Que les femmes ont une capacité infinie d'entrer dans le plaisir quand elles acceptent surtout de se l'offrir et qu'elles ont une générosité dans l'abandon qui dépasse tout ce qu'un homme peut recevoir.
- Que nous avons reçu en cadeau (certitude très forte en moi), au moment de la conception, une parcelle de vie, d'énergie et d'amour et qu'il est de notre responsabilité soit de simplement la consommer, soit de l'agrandir jusqu'au rire des étoiles.
- Que si nous ne sommes pas capables de nous aimer, il nous sera difficile d'aimer. Qu'il est de notre responsabilité de ne pas confondre le don d'amour (celui que je peux donner) et le besoin d'être aimé (qui n'est pas un don mais une demande qui parfois se transforme en exigence).
- Qu'être autonome, c'est-à-dire adulte, c'est prendre le risque de m'affirmer et donc de ne pas avoir l'approbation de mon entourage – et surtout de ceux qui prétendent m'aimer.
- Que derrière toute peur il y a un désir. Cette découverte (assez récente) a transformé ma vie. Car je ne suis pas

dans la même dynamique relationnelle et émotionnelle quand je suis dans l'ordre de la peur ou dans celui du désir !

Voilà pour l'instant – moi qui croyais ne plus en avoir ! – les certitudes qui m'habitent, nourrissent ma vie et me permettent de rester ancré, avec suffisamment de paix en moi pour ce qui est de mon existence actuelle.

J'ai tenté de rassembler le plus simplement possible les quelques certitudes fondamentales qui structurent aujourd'hui ma vie d'homme et qui me permettent de vivre à temps plein (ce qui n'a pas toujours été le cas) mes engagements et mes choix de vie.

Je voudrais ajouter que nous sommes certainement des dieux plus joyeux que nous ne le pensons, mais cela doit être une croyance.

Une aspiration légitime au bonheur

Nous aspirons tous au bonheur, à un mieux-être bienfaisant qui envelopperait, bercerait notre existence et, en même temps, nous sommes (pour la plupart d'entre nous) d'une extrême habileté pour maltraiter, avec une sincérité redoutable, les manifestations possibles du bonheur quand il se présente à nous.

Le bonheur peut se manifester avec timidité ou audace, s'avancer et se révéler avec prudence ou, au contraire, nous submerger avec une telle intensité qu'il nous laisse soit émerveillés et vivifiés, soit épuisés et pantelants... de bonheur !

Il y a chez la plupart d'entre nous, sinon en chacun, une aspiration légitime au bonheur, une appétence de bien-être pour lui-même et pour ceux qu'il aime et pour ses proches. Le malentendu de base vient d'une croyance très répandue que le bonheur doit nous être donné (par ceux qui nous estiment) ou encore qu'il doit venir à notre rencontre, tomber sur nous, qu'il doit se trouver sur notre chemin par la bienveillance du hasard, de la chance ou de quelques dieux ou entités mystérieuses qui devraient nous être favorables.

Paradoxalement, la recherche du bonheur serait moins ardente sans la culture intensive du malheur que certains entretiennent de façon assidue dans deux directions, soit avec beaucoup d'alibis pour le cacher, le minimiser ou le nier, soit avec beaucoup de complaisance pour le dévoiler, l'exhiber ou le magnifier. Les mêmes qui se gavent silencieusement d'auto-injonctions : « Ne suis-je pas quelqu'un de formidable pour avoir tant de malheurs qui me tombent dessus, ne suis-je pas quelqu'un à plaindre quand on voit tout ce qui m'arrive, ne suis-je pas courageux de supporter tout cela ? »

Il faut le dire clairement, nous sommes parfois d'une incroyable créativité pour entretenir violence et surtout autoviolence en nous et autour de nous, tout en restant dans la plainte et l'accusation.

Notre malheur de base, mais cela peut devenir aussi un formidable levier de changement, c'est que nous naissons inachevés. Cet inachèvement physiologique fait que, tout au début de notre existence, nous avons besoin d'autrui pour faire face à nos besoins élémentaires.

La satisfaction plus ou moins réussie de nos premiers besoins fondamentaux (besoins de survie, nourriture, protection physique, soins du corps) va créer chez nous une dépendance matérielle et, au-delà, un système de dépendance relationnelle, affective, émotionnelle à l'égard de ceux qui sont chargés d'y répondre, c'est-à-dire nos parents ou ceux qui les remplacent.

Un des enjeux les plus importants de l'existence sera fondé sur la recherche et la conquête d'une autonomie et d'une indépendance qui devraient nous permettre non seulement de répondre par nous-mêmes à nos besoins essentiels, mais aussi de réaliser quelques-uns de nos désirs.

Cette conquête progressive d'une autonomie est à la base d'une liberté d'être qui nous permettra d'accéder à des choix pour une meilleure réalisation de soi. Nous pouvons considérer que la liberté d'être réside dans la possibilité de faire des choix dans les limites de nos ressources personnelles et les contraintes de notre environnement, et donc d'apprendre à renoncer.

Le bonheur ressemble à un chemin étroit, dont un

côté lumineux, tout ensoleillé, s'appelle plaisir, satisfaction, bien-être, abandon, confiance, et l'autre côté, un peu plus gris, avec des zones d'ombre, se nomme déplaisir, frustration, malaise, colère, ressentiments, doutes ou mal-être.

Cette aspiration au bonheur rencontrera non seulement des obstacles, mais sera l'objet de nombreux sabotages, plus ou moins conscients, qui toucheront aux relations significatives de notre existence. L'obstacle le plus banal est en relation directe avec le décalage qu'il peut y avoir entre nos attentes, nos désirs, nos espoirs et les réponses possibles et présentes de la réalité.

La non-confiance, le non-amour de soi, les déceptions liées à des abandons, des pertes ou des trahisons, s'ils se sont inscrits très tôt dans notre vie, nous font parfois douter de l'existence du bonheur.

Il nous appartient donc de clarifier notre passé, de procéder à un nettoyage de la tuyauterie relationnelle de notre enfance, de dégager, de préparer le terrain pour l'accueillir quand il peut se présenter. Et il se présente plus souvent qu'on ne le croit.

Le plaisir d'être

Surtout dans les premières années de mon existence, il m'a semblé que j'ai recherché, parfois avec rage et ténacité, une qualité de plus à la vie, faite de bien-être, de douceur et de satisfactions faciles. J'ai couru en aveugle, jusqu'à m'épuiser et me perdre, après bien des plaisirs et des gratifications. J'ai désiré, avec passion, pouvoir en tarir (en vain heureusement !) quelques-uns dans les années ardentes de ma vie de jeune adulte. Pour découvrir un peu plus tard qu'il ne s'agissait pas de consommer, d'épuiser ou d'amplifier le bon d'une rencontre, mais d'en garder la trace pleine, durable et stimulante en soi.

Le plaisir qui me semble aujourd'hui le plus jouissif, c'est-à-dire celui dont je tire le plus de joie, est le plaisir d'être. Oui, simplement exister, me sentir en accord avec la totalité de ma personne.

Être là où je suis, présent au présent de ma vie, dans chaque parcelle infinie de l'instant. État subtil, indéfinissable et cependant très reconnaissable quand je le vis. État de vibrations intenses entre ce qui palpite à l'intérieur et ce qui germe et fleurit à l'extérieur. État apaisé de plénitude, de complétude et – envie d'inventer un mot nouveau – de comblétude.

La comblétude est ce sentiment, ce ressenti particulier, parfois éprouvé avec une acuité extraordinaire, d'être comblé sans avoir d'attentes, sans rien devoir à qui que ce soit, sans avoir à demander ou à donner en retour ! La comblétude, c'est quand on reçoit par tous les sens, par tous les pores de son être, le bon, le doux, le chaleureux, le vivace et le stimulant de l'existence, non comme un dû, mais comme un cadeau, comme un miracle.

Le plaisir d'être, je l'ai découvert tardivement, a des ramifications profondes et incroyablement diversifiées dans toutes les strates de notre organisme : corps, esprit, énergie, âme. Nous sentons intuitivement, à certains moments (encore trop éphémères), combien toutes les dimensions de notre être sont reliées, connectées au plaisir d'être vivant, à la jouissance de faire partie du vivant…

Le plaisir d'être, enrobé ainsi du bonheur d'exister, accordé au présent devient « présent », peut se répandre alors aux alentours et caresser les proches, irriguer le temps de sa présence stimulante, féconder les relations significatives, illuminer l'instant et lui donner une qualité rare de densité et de piquant qu'on ne trouve nulle part ailleurs.

Le plaisir d'être ne peut rester totalement dans l'intime de soi, être réduit à une autosatisfaction primaire, dans la seule bulle égocentrique de notre personne. Il a besoin d'être relié à ce qui nous entoure. Non seulement sensible à la qualité de l'environnement, il l'est particulièrement à tout ce qui touche nos proches. Ainsi le plaisir d'être se connecte et se ramifie au plaisir d'exister de ceux qui sont autour de nous. Sans cette résonance, cet écho, cette amplification de vibrations positives de l'environnement immédiat, le plaisir d'être ne se révèle pas dans sa totalité, ne monte pas vers son apogée.

On pourrait dire que le levain au plaisir d'être est constitué par la pétillance joyeuse du plaisir serein, perçu chez l'autre et miraculeusement accordé au nôtre.

Un seul défaut au plaisir d'être : il est trop fugace, trop éphémère et tellement fragile que la moindre tentative pour le retenir, le saisir, le garder encore un peu, le blesse ou l'effarouche. Il disparaît, aussi vite qu'il est apparu, sans laisser la moindre trace, juste une écume, une dentelle de sensations ineffables. Aussi en reste-t-il parfois une immense nostalgie, faite de reconnaissance et de gratitude, et un espoir aigu de revivre ce plaisir unique, celui d'être soi, simplement soi-même dans la ferveur d'être pleinement vivant.

Nous vivons une époque où tout s'accélère et donc se périme très vite.

Prendre du temps
pour accueillir le plaisir d'être
est un beau cadeau à s'offrir.

Le bien-être,
un défi permanent

Un double mouvement, apparemment contradictoire, anime en ce début du XXIᵉ siècle la plupart des conduites humaines.

D'une part une tendance marquée, puissante, vers le nivellement des idées, le compactage des valeurs, vers l'uniformisation des comportements dans une société vouée et dévouée à la consommation, à la rentabilité, au maintien des acquis et à la recherche quasi compulsive d'une sécurité matérielle maximale.

Et, d'autre part, une aspiration profonde de beaucoup de femmes et d'hommes à se réapproprier un pouvoir de vie sur leur existence, à retrouver un plus grand respect envers leur corps et ses besoins profonds, une exigence plus grande envers la qualité de leur relation, un mouvement pour se relier au divin qui est en chacun.

Il n'y a jamais eu, en effet, autant de sessions de développement personnel ou d'engagements thérapeutiques et de démarches de changement entrepris ou commencés par des hommes et des femmes de tous milieux que ces vingt dernières années.

Toute une culture du mieux-être s'est en effet développée, avec à la fois des excès mais aussi des mouvements d'intériorisation étonnants, profonds et d'une extrême sensibilité.

Des hommes et des femmes veulent s'affirmer comme ayant la capacité d'un choix de vie possible, différent de celui qui leur a été imposé au départ de leur histoire. De plus en plus de femmes et d'hommes aspirent à sortir, à dépasser les conditionnements de leur milieu, à se démarquer des valeurs recommandées ou imposées, des modes de vie qui sont dans l'air du temps, des orientations dominantes :

- « Je veux pouvoir conduire ma vie et développer mes ressources. »
- « Je ne veux plus vivre seulement pour survivre, mais pour accroître le meilleur de moi, pour oser mes possibles, pour être au plus près de mes potentialités réelles... »
- « Je ne me reconnais plus dans les valeurs religieuses transmises par ma famille, j'éprouve le besoin de me relier à une expérience spirituelle qui soit plus proche de l'homme que je suis aujourd'hui. »

Mais il y a aussi, semble-t-il, au-delà du personnalisme manifeste, de l'égocentrisme potentiel ou des égoïsmes apparents, une aspiration vers un engagement plus ouvert, plus large, plus allocentriste, tourné vers les autres, un combat pour un mieux-être plus collectif, humanitaire et planétaire.

Une conscience plus aiguë pour percevoir notre relation à la planète Terre et la vivre comme essentielle et vitale. Une cohérence et une compassion plus grandes se font jour pour protéger, entretenir et nourrir cette planète qui nous a accueillis au début de l'humanité et que nous avons trop tendance à maltraiter au quotidien avec beaucoup de violence.

Les rayons « sciences humaines » des librairies et même des hypermarchés sont riches, diversifiés et sensibles à tous ces courants. J'aime bien ces deux mots : sciences humaines. « Science » comme rigueur, recherche, espoir ; et « humaine » comme humilité, tâtonnements, doutes, interrogations, bref tout ce qui représente notre quête et notre recherche, tout ce qui s'incarne dans l'humanitude d'un être.

Bien sûr, il y a encore des errances, des impasses, des récupérations et des amalgames parfois dangereux. Le grand bazar du « marché de l'intimité » se porte bien, il suffit de lire les pages de publicité et les annonces dans tous les magazines. Des millions sont dépensés tous les jours pour acheter la « garantie d'un mieux-être » ou un « espoir d'enrichissement facile, rapide, magique », ou encore pour rester dans l'illusion d'« avoir une meilleure maîtrise de son avenir, de ses sentiments, de la fidélité ou de la fiabilité de l'amour d'autrui ». Prétendus voyants, guides autoproclamés, gourous garantis *made in India*, pseudo-thérapeutes, magiciens ou fumistes patentés, tout est bon pour se rassurer !

Il y a aussi, il faudrait se garder de l'oublier, l'influence des sectes, la mainmise sur les consciences et les tentations, pour échapper à la misère relationnelle, de certains de se laisser capter par des promesses de bonheur futuristes. Les dirigeants de ces sectes s'appuient non seulement sur le désarroi et le désespoir, mais aussi sur tout un imaginaire vacant, disponible et vulnérable, une appétence de paradis. La fuite en avant vers des solutions magiques, la croyance en des interventions de l'au-delà (anges, guides, astres…) vont régir beaucoup de comportements et de choix de vie.

« Je sais qu'il m'aime, qu'il me reconnaît comme quelqu'un d'important. Lui seul me comprend, je n'ai pas besoin de savoir autre chose, cela me suffit, j'ai confiance en lui. »

« Je préfère croire que savoir. Cela me rassure d'imaginer

que quelqu'un me reconnaît, prend soin de moi, s'occupe
de mes problèmes et possède les réponses que je n'ai pas ! »
   « Parfois ma raison me rappelle à l'ordre, mais je ne peux
pas m'empêcher d'aller consulter, de chercher à influencer
mon présent, mon avenir, de connaître ou d'anticiper la vie
et le devenir de ceux que j'aime... »

Il y a aussi, et il me paraît urgent de le dire, la récupération des forces vives, ardentes, passionnées des jeunes avec le retour des intégrismes religieux pour alimenter des fanatismes, des engagements manipulés, et les entraîner à un dévoiement de leur vie et de leurs disponibilités.

L'équilibre, l'harmonie, la vision d'une vie sans souffrance, en un mot le bonheur accessible au moindre prix, nous sont de plus en plus fréquemment proposés, vendus en quinze leçons ou en kit de deux à trois séminaires intensifs d'illumination, d'éveil ou même de formation à des relations humaines présentées comme plus vraies et plus authentiques, susceptibles d'apporter apaisement et sagesse.
   Au point qu'il y a parfois l'équivalent d'une véritable escroquerie quand sont proposées des démarches thérapeutiques ou des formations qui vendent et garantissent un résultat. Dans une démarche de formation, dans un engagement thérapeutique, on ne peut proposer qu'un travail personnel sur soi, sur son histoire ou encore sur une recherche ouverte sur l'apprentissage de moyens, sur

la mise en pratique d'outils pour communiquer autrement avec soi-même et avec autrui.

Mais ne jetons pas le bébé avec l'eau du bain, prenons ce qui nous rejoint, là où c'est possible, quand c'est accessible à nos attentes, sans perdre pour autant une vigilance critique.

Acceptons les cheminements, les découvertes et les engagements possibles pour devenir un meilleur compagnon pour soi :

« Je n'ai qu'une vie et je ne souhaite pas l'aliéner ou passer à côté. »

« Longtemps j'ai maltraité ma vie en aliénant mon corps, mes idées dans une dépendance à la drogue et j'ai galéré dur pour retrouver le simple respect de moi-même... »

La recherche du bien-être me semble une démarche saine quand elle débouche sur un meilleur respect de soi – et de l'autre – au quotidien.

Elle suppose, de toute façon, un travail sur notre histoire, sur notre passé, sur notre façon d'être au monde au présent, avec un mélange parfois inquiétant et stimulant d'« aspects inattendus de soi-même, de nouveaux désirs, de découvertes vivifiantes et de passages douloureux, de tâtonnements, de résistances et de régressions ».

Le bien-être ne s'achète pas, il est une conquête à construire au quotidien.

« Quand j'ai commencé ce travail sur moi, je ne savais pas qu'il m'entraînerait à remettre en cause l'éducation reçue de mes parents, je ne savais pas non plus qu'il me rapprocherait autant de mon père et de ma mère et, surtout, je ne savais pas que j'allais commencer à m'aimer... »

Le bien-être est un apprentissage à plein temps, celui de la confiance en nos ressources propres, celui de la bienveillance envers nos propres limites.

« Je doutais beaucoup de moi, je vivais dans l'attente d'un miracle. Puis j'ai découvert le plaisir de terminer par moi-même ce que j'avais commencé !... »

Pour d'autres, le bien-être pourra se traduire par une meilleure relation à la nourriture, à leur corps ou à une hygiène de vie plus cohérente.

« C'est à trente ans que j'ai pris conscience que mon corps avait un rythme, qu'il était sensible aux énergies positives ou négatives... »

Bien-être et amour de soi, s'ils ne doivent pas se confondre, sont interdépendants et supposent l'un et l'autre une qualité renouvelée de communication avec autrui. Pouvons-nous ne pas oublier que les chemins du bien-être passent en quelque sorte par une ascèse de vie, faite d'engagements, de fidélités à des valeurs, de cohérence et de respect ?

Passeport pour un mieux-être

Redisons-le autrement : il y a en chacun de nous, parfois de façon visible et parfois de façon plus masquée ou plus profondément enfouie sous les peurs et les interdits, une aspiration au mieux-être, ou au moins la tentation d'un bien-être et même une disponibilité plus ou moins timide, plus ou moins affirmée à oser être heureux, sans se culpabiliser de l'être (heureux) ou sans se reprocher de ne pas l'être (à temps plein), sans s'interdire de le vouloir (même si le monde autour de nous est dans la tourmente) :

- Être bien avec soi-même dans sa tête d'abord, sans conflits intrapersonnels qui parasitent le présent, qui ne dévorent pas nos ressources, en accord avec nos potentialités.
- Être bien dans son corps, le sentir vivant, efficient, disponible et à notre service, tout cela dans un fonctionnement souple et harmonieux.
- Être bien dans ses relations, en correspondance non conflictuelle avec son environnement, en paix avec

175

autrui, en harmonie avec l'univers, est une sensation rare et cependant plus accessible qu'il n'y paraît au premier abord.

Comme enfants, notre bien-être dépend pour l'essentiel des réponses de notre entourage et du pouvoir de notre imaginaire qui fait un contrepoint essentiel à la rencontre avec la réalité.

Devenus adultes, le bien-être relève essentiellement de nos choix de vie, de la qualité de nos relations, de notre façon d'être au monde, de notre responsabilité pleine et entière en acceptant de renoncer tout d'abord à la victimisation et à la mise en dépendance.

**Il appartient à chacun de rechercher
et de se donner les moyens de se réconcilier
avec le meilleur de ses possibles
en acceptant de devenir un bon compagnon pour soi.**

Le bien-être ne résulte pas d'une simple intention ou d'un désir, il est relié à plusieurs démarches qu'il me paraît important de rappeler :

• Développer la capacité à être présent au présent. Cela veut dire ne pas se laisser envahir par son passé ou par les situations inachevées de son histoire. Cela veut dire aussi ne pas fuir dans le futur, soit en l'idéalisant, soit en remettant à demain ce qu'il est possible de vivre aujourd'hui.

- Accepter de s'aimer en cultivant respect, bienveillance et tendresse à l'égard des différentes composantes de sa personnalité et surtout de son corps. Ce faisant, nous inscrivons en nous un ancrage de fiabilité et de confiance pour agrandir la vivance de notre vie.
- Apprendre à découvrir et à cultiver la beauté partout où elle peut s'épanouir. Et aller à sa rencontre en prenant le temps de la reconnaître dans ses manifestations les plus infimes. La beauté a de multiples visages et, surtout, une incroyable créativité pour se manifester et se dire.
- Se donner les moyens d'apprendre à mieux communiquer, avec soi-même et avec autrui, et donc de cultiver des relations vivantes.

Pour réussir ces démarches, il faut surtout oser *oser*, et pour cela s'appuyer sur cinq modalités de base :

- Oser demander en prenant le risque que la réponse de l'autre ne corresponde pas à nos attentes.
- Oser recevoir les messages cadeaux qui nous viennent d'autrui pour les amplifier ou simplement les adapter à nos possibles.
- Oser restituer les messages négatifs, qui nous viennent parfois de l'autre, en se positionnant clairement, en trouvant la bonne distance ou même en renonçant à poursuivre des relations qui peuvent se révéler toxiques pour nous.
- Oser donner gratuitement, sans ambiguïté, sans mettre l'autre en dépendance ou en dette.

- Oser refuser, c'est-à-dire prendre le risque de faire de la peine ou de décevoir, en se positionnant, en se confrontant par un « non » clair, face à une demande ou une invitation de l'autre qui ne correspond pas à nos valeurs, à notre disponibilité ou qui touche à notre seuil de tolérance.

En fait, la clé principale du bien-être me semble résider dans notre capacité à ne pas se laisser définir par autrui, à ne pas cultiver la dépendance, à ne pas se laisser polluer par les tentatives de culpabilisation des proches ou de ceux qui prétendent nous aimer et qui, au nom de leur « amour », voudraient nous faire entrer dans leurs désirs, leurs peurs ou leurs projets.

Nous le savons aussi, le bien-être personnel s'enracine, s'appuie et s'amplifie non seulement dans l'intime de soi, mais il a besoin de rayonner, de trouver d'une part un écho dans l'environnement proche, d'autre part un équilibre ou une correspondance avec tout ce qui participe à la vie de la planète.

- Pouvoir s'appuyer sur des proches et des amis suffisamment stables et solides pour nous aider à résister aux péripéties et aux avatars de notre propre évolution.
- Prendre soin de notre corps et de notre santé. Avec une alimentation qui corresponde aux besoins de notre organisme et une hygiène de vie qui respecte notre rythme et nos ressources. Cultiver des temps de méditation, de centration et de plaisir à être.

Car le bien-être s'épanouit dans la convivialité, dans la résonance avec le bien-être d'autrui. Mais encore faut-il souligner, sans amertume ou culpabilité, avec lucidité, humour et beaucoup de tendresse, que le bien-être personnel reste une oasis dans un désert d'incommunication, une île dans un océan d'injustices et de guerres, une fleur dans un champ de violences et d'intolérances, une graine d'espoir à semer face à l'avidité du consumérisme et de l'individualisme dominants.

Rêvons à un avenir plus humain

Le XXIe siècle se devrait d'être relationnel, en plus d'être spirituel (dans tous les sens du terme) comme l'imaginait André Malraux, sinon il sera sinistre.

Cela suppose cependant, pour ne pas rester dans un vœu pieux, quelques conditions et, surtout, quelques balises et quelques jalons concrets. En voici certains, même s'il y en a beaucoup d'autres dans de nombreux domaines.

Ces balises que je propose sont pour l'instant des utopies, mais je compte sur les femmes et les hommes de demain pour en inscrire quelques-unes dans la réalité des jours.

• Avant tout, retrouver des valeurs

Une valeur est semblable à une étoile au-dessus d'un chemin obscur ou difficile. Elle donne peu de lumière, mais marque une direction, ouvre un sens à la vie, à nos actions. Il ne m'appartient pas ici de me situer en moraliste et d'énoncer des valeurs à rechercher ou à cultiver. Mais je peux témoigner de celles qui me sont chères et qui me semblent indispensables à mon équilibre dans mon présent et mon avenir :

- Honorer la vie dans le respect de soi et d'autrui.
- Me responsabiliser dans mes relations.
- Développer la solidarité et l'entraide.
- Lutter contre l'intolérance, l'injustice et les violences.
- Entretenir vigilance et amour dans ma relation avec la planète Terre.

- **Promouvoir un enseignement de la communication à l'école comme une matière à part entière**

Et, pour cela, avoir l'humilité de me reconnaître comme un handicapé de la communication et avoir le courage d'apprendre.

Si communiquer veut dire mettre en commun, se rappeler que tout échange en réciprocité se structure autour de quatre démarches :

- Oser demander sans imposer, ni exiger.
- Oser donner sans recherche de contrepartie.
- Oser recevoir sans disqualification, ni banalisation.
- Oser refuser sans opposition ou rejet.

• **Avoir la capacité de me définir, de m'engager**

C'est-à-dire de ne plus me laisser définir, manipuler ou contraindre par autrui, en prenant le risque de me positionner dans le respect de soi et d'autrui.

S'engager suppose, outre la capacité à se définir, celle de se confronter avec le plus de cohérence possible entre les moyens choisis et les objectifs poursuivis.

• **Accepter de se donner des priorités**

En se rappelant que la liberté d'être repose sur la capacité à faire des choix, et faire des choix, c'est apprendre à renoncer en sortant de la dynamique du tout ou rien.

• **Développer les bases d'une écologie relationnelle fondée sur la recherche d'une harmonie entre nos attentes et les possibles de mon entourage**

En apprenant à accueillir, à amplifier le bon qui me vient de l'autre, et à ne pas prendre ou restituer ce que je ressens comme mauvais pour moi et qui me vient d'autrui. Car parfois les pollutions relationnelles sont plus violentes que les pollutions technologiques !

• Pratiquer l'autoresponsabilisation
dans tous mes actes

Une relation ayant toujours deux bouts, je ne suis responsable que de mon bout. De ce que j'envoie comme émetteur et de ce que je reçois comme récepteur.

L'autoresponsabilisation touche à tous les domaines de l'existence : vie intime, professionnelle et sociale.

• Développer une conscience planétaire
pour devenir un citoyen du monde

Aujourd'hui et encore plus demain, je suis concerné par tout ce qui se passe sur la Terre. Il m'appartient d'être vigilant, actif et cohérent dans mes choix de vie, à partir d'une vision planétaire de ma consommation, de mon travail et de mes loisirs.

Je n'ai pas établi là un programme, j'ai seulement tenté de jalonner quelques pistes pour cultiver, entretenir et répandre cette matière première vitale, essentielle des relations humaines en santé : la capacité de rêver.

L'injustice tu combattras

L'injustice est un mot qui se présente d'emblée en opposition avec son contraire, la justice. Et plutôt que de rester dans le réactionnel, l'amertume, la colère, peut-être que l'injustice nous informe d'un chemin à parcourir, du travail à accomplir qui serait d'apprendre à rechercher et à valoriser ce qui est juste.

De tout temps, en tout lieu, il y a eu des injustices mobilisatrices qui soulevèrent des forces de combat, des rébellions salutaires qui ont permis des avancées et des progrès indéniables pour l'humanité, en matière de droits et de devoirs. Mais il y a aussi, comme me le confiait la psychologue Maryse Legrand, « des injustices émissaires qui cristallisent le déchaînement de passions ravageuses et de furies destructrices quand elles nous fixent, nous enferment dans des revendications ou des plaintes infantilisantes pour soi et pour les autres. Le danger, dans ce cas, est de se perdre ou de se disperser dans des luttes inutiles, faute d'avoir identifié en soi quelques blessures plus intimes ».

Tout semble se passer, dans le vaste monde, comme

si notre besoin de justice était en même temps combattu avec acharnement par des désirs d'injustice ou de vengeance, de la part de ceux qui nous entourent et parfois aussi de nous-mêmes.

Parmi nos besoins relationnels fondamentaux, il y a bien sûr, chez chaque être humain, une aspiration profonde à la justice, à l'équité. Cette aspiration, ce mouvement a de multiples visages. Il peut incarner une exigence de réparation face à une spoliation, face à un préjudice, des sévices ou une violence reçus. Et dans ce cas s'y associe une demande implicite, celle d'être reconnu avec une valeur et une identité propres.

Le besoin de justice peut représenter aussi une aspiration à une meilleure répartition des ressources ou des richesses, comme une demande légitime à l'accès à l'éducation ou à la santé.

Il peut témoigner d'une éthique, d'une tolérance envers des croyances, des religions ou des positionnements de vie qui peuvent être très différents des nôtres.

À partir de ces quelques repères, nous percevons combien l'injustice et la maltraitance de l'idée de justice peuvent traverser une existence humaine ! Car l'injustice fait figure d'indicateur, elle est la manifestation visible de ce qui ne va pas, de ce qui est outragé, détraqué et inique à un niveau profond et durable. Le sentiment d'injustice, de ce point de vue, est semblable à un tâtonnement pour accéder à un nouvel état de conscience, à un éveil, peut-être, pour un niveau plus élevé de lucidité.

Incompréhensible ou maladroite lorsqu'elle est interprétée au seul regard de nos catégories morales du bien et du mal, elle nous informe de l'exigence de dépassement qui nous est assignée. Elle nous invite à sortir des positions rigides de certains de nos actes quand ils sont inspirés par la seule bonne conscience, les seuls bons sentiments et la seule intentionnalité de bien faire.

L'injustice est alors ressentie, au-delà de la violence qu'elle provoque, comme un appel. Il s'agit d'un mouvement vers une connaissance à laquelle on ne peut que s'ouvrir ou se fermer.

La symbolique des lettres hébraïques nous transmet des informations précises pour un travail de conscientisation. Souvenons-nous pour cela que la « justesse » est dérivée de l'idéogramme qui désigne aussi bien le « côté » ou le « bras » que le côté opposé, l'adversaire. « N'est juste que celui qui fait, ou est prêt à faire œuvre mâle en allant de l'autre côté de lui-même », nous dit Annick de Souzenelle*. Aller de l'autre côté de soi, c'est se détourner de l'extérieur pour retourner vers son intériorité en transformant l'inaccompli en plus d'accompli, l'inconscient en plus de conscient. Dans l'ordre du réel, les attitudes justes se nourrissent à la fois de rigueur, de dureté, de fermeté, d'exigence, voire d'ascèse, mais aussi de miséricorde, de souplesse, de douceur, de bonté et de tendresse. En l'absence de ces références intérieures et

---

* *La Lettre, chemin de vie*, Albin Michel, 1993.

intériorisées, la justice des hommes, coupée de ses sources qui pourraient l'orienter vers la justesse, est condamnée à rester enfermée dans les références et les catégories de la morale, à base de sanction, de répression, de faute, de culpabilisation et de jugements de valeur.

Et, en cela même, c'est ce qui arrive parfois à la justice : elle peut sécréter de l'injustice !

L'injustice est une des cinq grandes blessures de l'enfance, que nous allons porter parfois très longtemps en nous. Avec l'abandon, l'humiliation, la trahison et l'impuissance, l'injustice, quand elle est répétée, donne à celui qui la vit le sentiment d'être nié, d'être sans influence ni valeur, d'être sans existence propre.

Entre le sentiment d'injustice vociféré par un enfant ou un ex-enfant qui tape du pied en criant : « C'est pas juste ! », et celle qui s'abat sur un être en le dépossédant

de ses droits et de sa dignité, la gamme des injustices qui sévissent de par l'univers est d'une richesse infinie. Si nous faisons le tour du monde des injustices les plus manifestes, nous allons rencontrer la famine, la misère, la maladie, le génocide, autant de phénomènes brutaux injustement répartis sur cette planète. Nous allons côtoyer la guerre aveugle et sans âme, la corruption malsaine, la torture impitoyable, les disparitions programmées. Nous allons aussi découvrir des injustices plus voilées, plus secrètes, plus intimes et d'autant plus redoutables qu'elles sont cautionnées par le plus grand nombre.

- Celle de l'enfant qui se sent moins aimé que ses frères ou ses sœurs, et qui pourrait dire : « Même si tu me dis que tu m'aimes pareil, il n'empêche que je ne suis pas pareil à mon frère. Je ne te demande pas les mêmes attentions qu'à lui, mais un regard patient et unique porté sur moi tel que je suis. »
- Celle de l'infirme porteur d'une maladie génétique et qui n'accédera pas à l'usage plein et entier de son corps, à la mobilité et à l'autonomie.
- Celle de l'accidenté qui s'est trouvé ce jour-là sur la trajectoire d'un automobiliste alcoolique ou trop pressé et qui le « paiera » d'une paralysie à vie.
- Celle d'un enfant mutilé à jamais par une mine antipersonnel, ou tué psychologiquement par la violence d'un abus sexuel.
- Celle du travailleur mis au chômage, lors du rachat de son entreprise, par une multinationale qui « dégraisse » et augmente les royalties de ses actionnaires !

- Celle de la femme sous-payée, sous-employée par rapport à ses collègues masculins.
- Celle du malade du sida qui a subi une transfusion de sang contaminé.

Par ailleurs, nous pouvons ressentir l'injustice à différents niveaux de sensibilité, avec des résonances qui n'appellent pas la même mobilisation de notre être et qui même parfois nous laissent dans l'indifférence, quand nos valeurs profondes ne sont pas atteintes. Que nous soyons impliqués directement, que nous soyons simplement témoins ou que nous en ayons eu une connaissance indirecte, l'injustice chaque fois blesse le corps, l'esprit et quelque chose de plus fragile encore, l'espoir...

Nous ne sommes pas égaux face à l'injustice, suivant le pays où nous sommes nés, suivant l'époque, suivant nos origines, notre milieu social, notre âge ou notre religion. Nous n'avons pas le même capital de départ pour accéder au bonheur et oser être heureux.

Il y a aussi ceux qui sont à l'origine des injustices. Il y a des fabricants d'injustices tels les dictateurs, les financiers, les chefs de guerre... ou ceux-là mêmes qui sont chargés de rendre la justice et qui auront un jour à rendre compte de leurs actes devant une juridiction de leur pays ou devant le T. P. I. (Tribunal pénal international).

Mais le plus souvent, celui qui provoque, qui entretient une injustice, n'a pas le sentiment d'être injuste, il fait son travail, il exerce une fonction. Il peut avoir de nombreux alibis et arguments très étayés pour justifier son acte. Il a parfois des convictions, des croyances qui le confirment dans le bien-fondé de ses pratiques ou de ses décisions.

Les injustices les plus terribles sont celles qui nous sont imposées avec la sincérité la plus aveugle. Je ne veux pas parler ici de ceux qui cultivent la victimisation et qui par là même vont susciter une floraison d'injustices sur leur parcours de vie. Je veux parler de tous ceux qui se trouvent pris dans un rapport de forces qui les broie, qui les dépersonnalise, qui les chosifie.

La liste à établir serait trop longue et toujours non exhaustive, tant la créativité des humains est infinie pour créer des situations d'injustice.

L'injustice qui sévit de par le monde semble soulever plus d'indignations et de dénonciations que de véritables concertations et actions de ceux qui ont le pouvoir décisionnel pour la faire disparaître.

C'est là une partie de notre ambivalence. D'où la nécessité de rappeler ce commandement, à ajouter aux dix autres :

L'injustice tu combattras.

Et tu la combattras non par la violence, mais par le témoignage, l'affirmation de soi, l'engagement et la responsabilisation.

À ce nouveau commandement, « L'injustice tu combattras », j'ai le souci d'ajouter : « L'injustice tu n'entretiendras pas. » Car s'il est vrai qu'il n'y a pas d'égalité devant le malheur, nous nous devons d'entendre et de respecter chacun dans ses tâtonnements pour affronter la vie. Autant ceux qui s'enferment dans le chagrin, le ressentiment ou s'égarent dans la violence que ceux qui choisissent la vie ardente, qui se donnent les moyens de se dépasser et d'aller au-delà de toutes les injustices vers le meilleur d'eux-mêmes et de l'autre.

Les enfants résilients, dont parle Boris Cyrulnik, sont ceux qui ne se sont pas laissé abattre et mortifier par l'injustice des traitements, des violences ou des carences dont ils ont été l'objet et qui ont tricoté leur existence avec tous les événements de leur vie, avec l'aide d'une référence, d'un tuteur de résilience.

Lutter contre l'injustice, c'est nourrir la sève de la vie, c'est l'irriguer d'un début de tendresse, c'est œuvrer pour un monde meilleur, c'est accéder au plaisir d'être heureux en offrant une autre qualité de vie à ceux qui sont les plus démunis.

La quête du bonheur…
une utopie nécessaire et vivifiante*

Dans les lignes qui vont suivre, et je vous prie de m'en excuser par avance, vous risquez d'entendre des mots ou des expressions qui pourront apparaître à certains d'entre vous comme des barbarismes.

C'est volontairement que je les ai choisis, pour garder toute leur force aux idées que je défends. Et, tout d'abord, vous offrir en guise d'introduction autour de cette réflexion sur la quête du bonheur une métaphore, un petit conte d'Henri Gougaud, que j'aime particulièrement : *Un rêve de fourmi***.

« On dit que le grand roi Salomon, un jour qu'il était las des affaires du royaume, s'en alla méditer, sans femme ni guerrier, dans le vaste désert.

Comme il cheminait à pas lents sur le sable, il vit au bout de sa sandale une fourmi. Elle marchait comme lui

---

* Conférence donnée à Kyoto en septembre 1998 au XXIth Century Medical Forum.
** *Nouvelles Clés*, 2006.

tête basse, indifférente à tout, patiente et têtue, refusant l'abri des cailloux.

Le roi Salomon la voyant si brave et si obstinée se pencha sur elle et dit :

— Où vas-tu donc, petite sœur ?

— Grand roi, ne me retarde pas, je cours où mon âme m'appelle, à la poursuite des gazelles.

— Amie, lui demanda le roi, connais-tu bien ces bêtes divines ?

— Hélas non, mais j'ai vu leurs ombres passer, et j'en fus si bouleversée que depuis je ne puis vivre sans elles.

Le roi des rois s'agenouilla, la prit sur le bout d'un doigt, sourit et demanda encore :

— Comment peux-tu rêver en rejoindre quelques-unes ? Elles vont droit comme le regard, à travers le désert. Elles franchissent d'un saut la dune que tu escalades en cent jours. À suivre leurs sabots, tu tomberas bientôt dans une empreinte creuse et la brise qui efface tout peut-être t'enfouira dedans. Quitte tes illusions, pauvre amie valeureuse, et retourne à la fourmilière que tu n'aurais jamais dû quitter.

— Je sais, ô roi des rois, que la raison et le bon sens t'inspirent, répondit la fourmi. Mon pas est court, ma vie n'est qu'un jour de la tienne et mon ciel n'est pas plus haut qu'un brin d'herbe naissant. Je ne suis rien, j'aspire seulement à la grâce parfaite, j'avoue que c'est grande folie. Mais qu'importe à mon cœur aimant ! L'espoir me tient, me tire, me pousse, ne me laisse point de repos. Il occupe ma vie. Je veux lui obéir sans faute et la mort ne me sera rien, si elle me prend sur mon chemin… à la poursuite des gazelles. »

La recherche du bonheur serait donc semblable à une quête sans fin.

Au risque de décevoir profondément beaucoup d'entre vous, et avec peut-être beaucoup d'inconscience, j'ose avancer que le bonheur n'existe pas. Je pense que c'est une fiction soigneusement entretenue par tous ceux qui l'ont cherché et qui ne l'ont pas rencontré, que c'est une utopie nécessaire, appelante, inspirante, porteuse de créativité et d'enthousiasme.

Ce qui existe par contre, chez la plupart d'entre nous, c'est une quête, une recherche, une aspiration profonde, pour accéder à un mieux-être, à plus de paix et de béatitude au quotidien de notre existence.

La recherche du bonheur
n'est pas seulement un baume pour les désespérés,
c'est un formidable tremplin
pour aller vers le meilleur de la vie et de soi-même.

Ainsi, il serait possible d'imaginer le bonheur, dans les représentations mentales que nous en avons, comme une immense galaxie qui voyage à l'intérieur de chacun de nous, galaxie constituée par le bouillonnement de millions de rêves, de mythes, d'aspirations secrètes et de désirs inouïs.

Le bonheur, ainsi considéré, serait semblable à l'horizon, promesse de lumière et de découvertes, qui se dérobe, inaccessible, tout en restant intensément présent quand on s'approche de lui.

L'idée de bonheur serait une polarisation, telle la focalisation d'un faisceau d'énergies, qui nous pousserait à œuvrer pour une qualité de bien-être et un mieux-vivre tout proche et cependant inaccessible.

C'est une sorte de ferment à plus de respect pour la vivance et la beauté de notre vie, une ouverture pour accueillir le meilleur de nous-mêmes et de l'autre.

Le bonheur espéré serait comme la concrétisation plus ou moins durable et comblante, la réalisation soudain offerte, donnée sans contrepartie, sans prix à payer, d'un certain nombre d'aspirations qui correspondent à des besoins non pas primordiaux, mais fondamentaux en chacun : besoins de plénitude, de beauté, de paix, d'absolu, besoin de créer, d'aimer, d'être aimé.

Pour moi, les questions centrales porteront essentiellement sur le comment :

• Comment passer du bonheur espéré au bonheur rencontré ?
• Comment faire coïncider l'aspiration et la réponse ?
• Comment accéder à un état de bien-être palpable, suffisamment durable en nous et pour nos proches, pour laisser une trace significative dans nos vies ?
• Comment développer et maintenir un état de santé et d'harmonie qui participe intensivement à notre épanouissement ?

Et pour certains :

• Comment transmettre nos découvertes dans ce domaine, sachant que la quête du bonheur restera une démarche essentiellement personnelle et intime à chacun ?

Les chemins de cette quête sont innombrables, surprenants, labyrinthiques et quelquefois décourageants, parsemés d'obstacles et de pièges ou débouchant sur des impasses et parfois des désespérances. Un des chemins possibles, proposé soit par les guides spirituels, soit par les thérapeutes, soit par les passeurs que sont les formateurs, passe par une démarche de changement personnel, c'est-à-dire surtout par un travail d'éveil, d'évolution et de conscientisation. S'éveiller en dépassant le monde des apparences, évoluer en renonçant à la sécurité des habitudes et des certitudes en conserve, ouvrir sa conscience en donnant du sens à chaque événement.

Dans cette perspective, se former, c'est devenir un agent de changement pour soi-même et pour autrui. C'est donc expérimenter la possibilité d'un « savoir-être » nouveau, en accord avec un « savoir-créer » au présent et un « savoir-vivre » en devenir.

Dans le domaine qui est le mien, celui de la formation aux relations humaines, une des découvertes qui m'a le plus bouleversé et stimulé fut de comprendre comment se développe le cycle de l'amour et du bien-être chez une personne.

À partir de là, j'ai commencé à me respecter et je me

suis ouvert à la possibilité d'être un meilleur compagnon pour moi, c'est-à-dire d'être capable d'inscrire plus de vivance dans ma vie.

En effet, pendant la première partie de mon existence, j'avais aliéné l'essentiel de ma vie avec des somatisations, des maltraitances et des passages à l'acte somatique, tels que des accidents. Je fus un spécialiste consciencieux en auto-agressions de toutes sortes. Je n'étais pas, à cette époque, un bon compagnon pour moi. Et j'ai mis beaucoup d'années à découvrir que la personne avec qui je passais l'essentiel de mon temps... c'était moi ! Et qu'il devenait urgent de lui accorder plus d'attentions, de soins, de bienveillance.

Ce sont ces deux thèmes, la possibilité de mieux s'aimer et la capacité à être un meilleur compagnon pour soi, que je souhaite développer ici.

• Apprendre à s'aimer

Pendant longtemps j'ai cru que la capacité d'aimer de chacun était en relation directe avec l'amour reçu au début de son existence et, surtout, durant son enfance. Que l'amour donné par les parents ou par les personnes significatives de notre vie constituait un réservoir de base où nous pourrions puiser par la suite, pour aimer à notre tour. Je ne le pense plus. Je crois profondément que le plus beau des cadeaux qu'on puisse faire à un enfant n'est pas tant de l'aimer, mais de lui apprendre à s'aimer, de l'ouvrir au désir, de l'aider à prendre soin de sa propre vie comme un des biens les plus précieux de la création.

Je fus un enfant aimé et, cependant, je ne savais pas aimer. Je ne savais ni aimer ni m'aimer. En fait, mais cela je l'ai découvert plus tard, je ne pouvais pas aimer car j'avais été élevé, je devrais dire conditionné et enfermé, dans un cycle de relations plutôt disqualifiantes et quelque peu terrorisantes. Relations qui m'avaient été offertes avec les meilleures intentions du monde par ceux-là mêmes

QUAND LES ENFANTS SERONT ÉLEVÉS, JE LE QUITTE...

qui prétendaient m'aimer : mes parents, ma famille, mes éducateurs.

Je voudrais montrer dans les commentaires qui suivent le lien qu'il peut y avoir entre la qualité des relations significatives reçues au début de la vie et l'amour ou le non-amour de soi.

Si, en amont, l'autre (personne significative de ma vie) nous a proposé (quel que soit l'amour qu'il éprouve pour nous) une relation à dominante dévalorisante ou disqualifiante, nous allons être entraînés à nous construire sur la base d'un non-amour de soi. Nous allons donc être enfermés dans un double besoin :

• Le besoin d'être aimé.
• Le besoin d'aimer.

Notre propre besoin d'aimer sera le masque pris par une demande implicite adressée en permanence à l'autre : « Aime-moi, aime-moi ! » En termes relationnels, nous serons donc conduits à proposer des relations uniquement à base de demandes, d'exigences et parfois même des relations de type terroriste.

Par contre, si en amont l'autre (personne significative de notre vie) nous a proposé (quel que soit l'amour qu'il éprouve pour nous) une relation gratifiante, confirmante, valorisante, nous allons nous construire sur une base d'amour envers nous-mêmes (différent de l'amour narcissique) fait d'estime, de confiance et de respect.

Si nous nous aimons, nous allons être moins dans le besoin ou l'exigence d'être aimés. Nous allons être plus dans l'ouverture à l'amour, dans le don d'amour. En termes relationnels, nous aurons la possibilité d'être plus oblatifs que possessifs, moins demandants et plus offrants. Nous serons plus ouverts, plus disponibles à la réciprocité.

Puis-je dire que c'est seulement vers l'âge de trente ans que j'ai commencé à m'aimer et donc appris à faire confiance à mes ressources ?

On m'a souvent posé la question : « Mais alors, comment peut naître l'amour de soi ? »

C'est par la qualité d'une relation vivante, énergétigène et respectueuse, répondant aux besoins profonds d'une personne, que va naître et se construire l'amour de soi chez une personne.

J'ai repéré cinq besoins fondamentaux, qui sont à la base d'une relation en santé au monde. Ces besoins sont en relation directe avec des potentialités que nous avons tous :

• Besoin de se dire, avec des mots à soi, qui ne seront pas empruntés à autrui.
• Besoin d'être entendu, c'est-à-dire reçu, accueilli voire amplifié par l'écoute d'autrui.
• Besoin d'être confirmé dans ses compétences, pour s'ouvrir à la confiance dans ses ressources et à la conscience de ses limites.
• Besoin d'être reconnus, tels que nous sommes et non tels que l'autre nous voudrait.
• Besoin d'être valorisé en ayant le sentiment d'avoir une place, d'avoir une valeur, en sentant autour de soi des

attentes bienveillantes et positives vers sa propre personne.

Bien sûr, je ne dispose pour illustrer mon propos que du modèle occidental et je dois avouer que je ne sais rien de la culture et de l'éducation nippones. Aussi je prends le risque de déranger vos sensibilités et de me confronter à des différences, ce qui va nous engager ainsi vers des confrontations et des échanges stimulants.

• **Apprendre à être un meilleur compagnon pour soi**

Être un meilleur compagnon pour soi commencera par tenter de faire un pas de côté, de sortir du système dominant dans lequel nous avons été élevés.

Le système relationnel dominant que j'ai pu observer dans la plupart des cultures de l'hémisphère Nord, d'une certaine façon, est globalement pervers, énergétivore et non convivial pour l'individu.

Ce système, transmis par la famille, renforcé par l'école et magnifié dans le monde du travail, ne favorise ni l'épanouissement de la personne, ni la santé, ni le développement d'une créativité conviviale et paisible. Je crois que ce qui se passe aujourd'hui dans le monde en est la démonstration la plus accablante. C'est le triomphe de l'incommunication par la violence, par la manipulation directe ou indirecte. C'est la collusion entre le désir de la confrontation (partager) et la tentation de l'affrontement (gagner sur l'autre), la confusion entre désir vers l'autre (stimulant) et désir sur l'autre (aliénant).

C'est l'augmentation et l'accélération des dépendances aux objets et aux techniques et l'aggravation d'une rupture avec la nature.

J'ai nommé le système dominant dans lequel nous baignons système S.A.P.P.E. (S comme sourd, A comme aveugle, P comme pernicieux, P comme pervers, E comme énergétivore).

Le système S.A.P.P.E. est reconnaissable par la mise en jeu, de façon spontanée, récurrente, de cinq phénomènes qui irriguent et nourrissent la plupart des relations interpersonnelles et sociales :

• Des injonctions directes ou indirectes qui consistent à dicter à l'enfant, et globalement à l'autre, ce qu'il doit dire, ne pas dire, penser, ne pas penser, faire ou ne pas faire. Exemples : « Tu devrais renoncer à ce voyage à l'étranger, ce n'est pas bon pour toi en ce moment ! », « Tu ne devrais pas t'orienter vers ce type d'études, et surtout renoncer à t'habiller de cette façon... », « Tu n'as rien à faire avec cette fille, elle n'est pas faite pour toi... »
• Des menaces (réelles ou fantasmées) ou du chantage. Chaque fois que nous tentons d'exercer sur l'autre une pression qui développera des peurs, des doutes et donc des soumissions et des dépendances à notre encontre. Exemples : « Si tu m'aimais vraiment, tu ne partirais pas si loin », « Tu vas finir chômeur et malheureux... », « Tu n'arriveras jamais à rien... », « Ça sert à quoi de

rester ensemble si tu ne veux pas faire l'amour avec moi ? »

- Des disqualifications qui mettent l'accent sur les manques, les erreurs et les faiblesses. En majorant les défauts et en renforçant une perception négative de toute la personne. Exemples : « Je ne vois pas ce qu'ils ont de mieux en Amérique que tu ne puisses trouver chez nous, ni d'ailleurs quel profit tu en tireras ! », « Avec le caractère que tu as, tu ne trouveras personne qui t'aime ! »

- Des culpabilisations qui consistent à laisser croire à l'autre qu'il est responsable de notre ressenti, de nos sentiments ou de notre état physique. Exemples : « Et s'il m'arrivait quelque chose de grave durant ton absence, comment pourrais-je te prévenir ? », « Regarde comme je suis triste à l'idée que tu vas gâcher ta vie en te mariant si jeune ! », « Tu pourrais au moins faire un petit effort, pour m'éviter de souffrir... »

- Par le maintien des rapports dominants-dominés. Quand nous essayons d'influencer le comportement de l'autre dans le sens de nos désirs, de nos croyances ou de nos peurs. Non seulement quand nous voulons exercer notre pouvoir ou notre volonté de puissance pour maintenir dans la dépendance, mais quand nous pensons naturellement que nous savons mieux que l'autre ce qui est bon pour lui. Exemples : « Si tu étais respectueux de nos traditions, tu te marierais à l'église. Je t'interdis de donner suite à ce projet ! », « D'ailleurs je suis sûr que tu reconnaîtras que j'ai raison, que tu fais une erreur grossière en t'entêtant dans cette direction... »

Ce système qui domine dans la plupart des rapports familiaux, scolaires et sociaux n'ouvre pas au respect de soi, ne favorise pas l'amour de soi, n'invite pas à être un bon compagnon pour soi.

Il crée, de façon pernicieuse, des rapports de dépendance, nourrit des ambivalences, entretient la non-confiance et suscite des rapports d'opposition, de rejet. Il est à la base de la plupart des violences et des auto-violences entre les êtres.

Je crois également que ce système est à l'origine (quel que soit l'élément déclencheur ou la cause) des somatisations que nous portons, qu'il les entretient et les nourrit.

Ma thèse principale*, que je ne peux développer plus longuement ici, est que toutes les maladies sont des langages métaphoriques et symboliques, avec lesquels nous tentons désespérément, pathétiquement, tenacement, de dire et de cacher l'indicible ou l'insupportable. Quand il y a le silence des mots se réveille la violence des maux.

Il ne s'agit pas de confondre les éléments déclencheurs ou la cause d'une maladie avec le sens, l'origine symbolique. Mais d'essayer d'entendre le message qu'une maladie tente de nous donner pour nous inviter à entrer en relation avec notre histoire. De mieux entendre ce que

_____

* Voir aussi *Minuscules aperçus sur la difficulté de soigner*, Albin Michel, 2004.

tente de crier notre corps, quand la vie qu'il est censé protéger a été bafouée ou maltraitée dans le cercle de relations proches ou essentielles.

La médecine d'aujourd'hui me semble dans une impasse. Malgré des progrès extraordinaires tant dans le domaine médical, chirurgical et thérapeutique, pour repérer les causes et réparer les conséquences de ces causes, nous ne savons pas encore guérir. Nous savons soigner avec une efficacité redoutable, mais nous avons du mal à guérir. Guérir supposerait d'accéder au sens des maladies.

Au-delà des soins médicamenteux, chirurgicaux et de nursing, il conviendra donc de proposer aux personnes en difficulté de santé ce que j'appelle des *soins relationnels*. Des soins relationnels spécifiques pour favoriser des reliances. C'est-à-dire la possibilité d'établir des ponts, des passerelles entre l'apparition d'une maladie et un événement de notre histoire.

Je voudrais présenter, en quelques mots, le concept de soins relationnels.

Ce concept est fondé sur l'hypothèse que toutes les maladies et somatisations, quel que soit leur élément déclencheur, sont aussi des langages métaphoriques ou symboliques avec lesquels une personne tente de dire ou de ne pas dire l'indicible. Les soins relationnels regroupent l'ensemble des attitudes, des comportements spécifiques et volontaristes, des actes et des paroles, tant réalistes que symboliques, qui peuvent être proposés par un accompagnant (médecin, thérapeute, écoutant) à une personne présentant une maladie, un dysfonctionnement, des troubles physiques, mentaux ou relationnels. Ceci pour lui permettre :

- De s'entendre elle-même comme utilisant un langage spécifique, métaphorique ou symbolique : « Qu'est-ce que je tente de dire avec des maux, qui ne peut être dit avec des mots ? »
- D'être écoutée et entendue, par un soignant qui ne se centre pas uniquement sur la maladie, le traitement... mais sur la personne.
- De se relier à son histoire, actuelle, contemporaine, passée, familiale proche et élargie.
- De rendre la relation soignant-soigné plus aidante.
- De mieux se relier au traitement, en relation avec le sens de sa maladie, d'en saisir quelques enjeux en termes de gain, de dette, de fidélité, de mission de restauration ou d'autodestruction.
- De se réapproprier, de développer et de cultiver son propre pouvoir thérapeutique, afin de libérer des énergies bloquées autour de situations restées inachevées, des conflits passés et récents, des pertes et des ruptures vécues comme des abandons, des trahisons.
- De sortir de la répétition ou de renoncer à des comportements inadaptés ou inadéquats.

Devenir un meilleur compagnon pour soi consistera donc non seulement à renoncer à pratiquer le système S.A.P.P.E., mais à ne pas le subir, à pouvoir se libérer des conséquences qu'il provoque sur nos conduites et comportements.

C'est la mise en place de quelques règles d'hygiène relationnelle qui confortera notre aspiration à un mieux-vivre.

Leur mise en œuvre va constituer ce qu'il serait possible de voir à la fois comme une éthique et une hygiène de vie, et leur pratique s'appuiera sur un ensemble de moyens reconnaissables et transmissibles, accessibles à chacun.

Nous savons, les uns et les autres, les liens étroits qui existent entre l'état de santé (renforcement ou diminution des immunités) et la qualité de la relation à soi-même et à autrui.

Il serait donc possible de proposer, le plus tôt possible, dès le début du cursus scolaire, comme une étape de prévention importante, un enseignement de la communication relationnelle. C'est un de mes rêves les plus chers, qu'un jour la communication puisse être enseignée à l'école comme une matière à part entière.

Mais, pour l'immédiat, voyons ce qui incombe à chacun :

• Dans un premier temps, nous l'avons vu, ne plus collaborer au système S.A.P.P.E., se démarquer de sa pratique. Donc moins d'injonctions, de menaces, de disqualifications, de culpabilisations et renoncements aux relations de pouvoir et d'influence pour créer plus de réciprocité, de mutualité et d'interinfluence.

• Dans un deuxième temps, proposer une autre façon de communiquer s'appuyant sur des concepts, des outils et des règles d'hygiène relationnelle élémentaires, autour d'une nouvelle approche méthodologique.

Cette méthode, je l'appelle « méthode E.S.P.E.R.E. » (Énergie Spécifique Pour une Écologie Relationnelle à l'École). Je ne peux présenter ici cette approche dans ses différents aspects, je l'ai déjà développée dans un autre ouvrage, *Pour ne plus vivre sur la planète Taire**. Je me contenterai donc plus simplement d'établir un parallèle entre notre façon habituelle et spontanée de communiquer, et ce qu'il serait possible d'envisager de faire autrement :

• Être un meilleur compagnon pour soi supposera vigilance et respect autour de quelques attitudes de base permettant d'éviter bien des pollutions et des auto-agressions.

• Apprendre à gérer, dans le respect de soi, l'impact des messages reçus. Dans un échange, un partage, une tentative de communication, nous sommes toujours trois, l'autre, la relation et moi.

---

* Albin Michel, 1997. On peut aussi se reporter au site www.institut-espere.com qui présente l'ensemble de cette méthode.

De l'autre, nous recevons des messages positifs ou messages cadeaux. Si nous savons recevoir et amplifier ce type de messages, nous augmentons nos énergies, nous nourrissons la vivance de notre vie, nous pouvons nous respecter et mieux nous aimer.

Mais nous pouvons recevoir de l'autre également des messages négatifs, des messages agressants, disqualifiants ou destructeurs. Si nous gardons en nous ce type de messages, nous nous polluons et nous nous dévitalisons. Cela se traduit par une perte d'énergie, par une stérilisation de notre vivance, par la difficulté à se respecter, et donc à s'aimer. Nous pouvons, dans ce cas, apprendre à restituer, à remettre chez l'autre chacun de ces messages négatifs et garder ainsi plus d'intégrité.

Dans toute relation, nous sommes donc toujours devant un triple choix :

• Garder, amplifier les messages positifs et les messages cadeaux.
• Restituer, remettre les messages négatifs.
• Les garder et nous polluer avec ces mêmes messages négatifs.

Pour conclure, j'invite à considérer la vie comme notre bien le plus précieux et le plus fragile, non seulement à préserver, mais à entretenir et faire croître.

Comme je l'ai plusieurs fois mentionné, j'ai la conviction que nous sommes depuis quelques décennies en danger de non-vie. Je maintiens l'hypothèse que les hommes et les femmes des siècles passés avaient en eux plus de vivance que les hommes et les femmes d'aujourd'hui. Même si la durée de notre vie est deux à trois fois plus longue que celle de nos ancêtres, même si nos conditions d'existence sont moins difficiles, il me semble que les pollutions relationnelles sont plus importantes, moins gérables qu'autrefois et, surtout, moins assumées que dans le passé, que les agressions sont plus subtiles et plus irrémédiables qu'autrefois.

Je maintiens aussi qu'il y a, de façon insidieuse et masquée, l'équivalent d'une stérilisation inconsciente de la vie par un appauvrissement, une paupérisation de plus en plus grande de la communication relationnelle entre les êtres humains. Si la circulation de l'information est devenue quasi universelle, si les outils de la communication font l'objet de prouesses techniques inimaginables il y a encore quelques années, la communication relationnelle (le fait de pouvoir mettre en commun l'essentiel) s'est, par contre, rétrécie de façon grave. Il y a une classe de nouveaux pauvres dont le nombre augmente de plus en plus : les affamés de l'échange, les déshérités du partage, les prolétaires de la convivialité.

Ainsi, au travers d'une amélioration possible des relations humaines, c'est un combat pour une vie plus vivante que je propose, et la possibilité pour le maximum d'êtres humains de conquérir une parcelle même infime de bonheur.

Je crois nécessaire et vital d'inviter chacun à développer un sixième sens, soutenant cette aspiration au bonheur, celui de l'écoute de soi, qui nous ouvrirait à une conscientisation plus grande pour l'écoute des langages du corps, des langages infimes de l'impalpable, ceux du ressenti intime pour accéder à plus d'harmonie.

Témoignage d'un utopiste

J'ai certainement commis beaucoup d'erreurs dans la conduite de ma vie intime, j'ai dû m'égarer et me perdre plusieurs fois au cours de mon existence dans des combats qui se sont révélés des leurres, mais je crois que je ne me suis pas trahi. Il me semble, quand je regarde le chemin parcouru, que j'ai respecté la plupart des engagements pris dans ma jeunesse, quand je croyais encore qu'il était possible de changer le monde.

Ma participation à l'amélioration de ce monde (petit clin d'œil à ma naïveté), si elle n'a pas été très efficace sur le plan des résultats, fut cependant consciencieuse et tenace. Très centrée sur la dimension relationnelle, ancrée au quotidien de mes engagements professionnels, limitée à un seul thème : apprendre à mieux communiquer, elle se résume en quelques mots : oser se respecter.

Ce projet de vie a animé toute ma recherche dans les trente dernières années. Cela s'est traduit par quelque cinquante ouvrages (tous régulièrement réédités : peut-être est-ce le signe qu'ils correspondent à une attente), de nombreux articles et de multiples interventions et conférences dans les milieux de la santé, de l'éducation, de la justice. Sans pour autant, je dois bien le reconnaître, faire bouger d'un poil ou d'un décret les institutions, même si de nombreuses personnes ont témoigné avoir pu transformer leur vie à partir de mon approche :

• Comment être mieux avec soi-même ? En acceptant de s'aimer et de se respecter.
• Comment être un meilleur compagnon pour soi ? En offrant des relations plus vivantes, plus créatrices et en santé à ceux qui nous entourent, qui traversent ou participent à notre vie.
• Comment se sentir mieux avec ses proches ? En respectant quelques règles d'hygiène relationnelle permettant des échanges en réciprocité.

Comme je suis persuadé que la communication relationnelle (à ne pas confondre avec la communication de consommation, ni avec la circulation des informations) est la sève de la vie, qu'elle est nécessaire pour alimenter la vivance de toute existence, je défends l'idée qu'il est toujours urgent de se préoccuper de son amélioration et, surtout, de la mettre en pratique sur d'autres bases.

Mon utopie la plus vivifiante est, je le répète, qu'un jour il soit possible d'enseigner la communication relationnelle à l'école dans tout le cursus scolaire.

C'est à partir des enfants et de leur influence sur nous, les adultes, que nous pouvons envisager de changer les choses dans la durée.

Ma conviction la plus profonde est que nous sommes des infirmes et des handicapés de la communication. Que nous vivons dans un leurre entretenu par tout le système familial, éducatif et scolaire en place, à savoir que la communication doit rester spontanée. Avec la croyance qu'il suffit d'un peu de bonne volonté, de bons sentiments et surtout avec le désir que ce soit l'autre qui change... et que tout devrait mieux se passer et, de toute façon, s'arranger !

Je ne crois pas qu'il soit nécessaire de collaborer à l'entretien de ces leurres. Les résultats en sont effrayants : prédominance des rapports dominants-dominés fondés sur la violence et l'autoviolence, non-confiance en soi, ignorance et gaspillage de nos possibilités et de nos potentialités réelles, entretien des dépendances et de l'assistanat, sabotage des démarches d'intériorisation au profit de comportements consuméristes et d'une fuite dans le magique et le virtuel... et bien d'autres aliénations !

Je crois, en revanche, que la communication intra- et interpersonnelle peut s'apprendre à partir de quelques concepts de référence, de quelques outils et surtout de quelques règles d'hygiène relationnelle accessibles à chacun et surtout transmissibles. Le seul message idéologique que je véhicule au travers de cette approche est le suivant : nous sommes seuls responsables de notre vie, personne d'autre ne la vivra pour nous.

Puis-je conclure en disant ce que j'imagine ? Nous avons, pour la plupart d'entre nous, donné un sens à notre existence, avec des priorités et des enjeux variables, aux différents âges de notre vie. Peut-être serait-il donc important de considérer qu'un des défis majeurs – qu'il appartient à chacun de faire vivre au quotidien de son existence – serait de maintenir vivante et d'agrandir cette parcelle de vie qui lui a été offerte en cadeau au moment de sa conception, pour à son tour offrir, amplifiée, magnifiée, aux générations à venir plus de Vie.

ÊTRE OU NE PAS ÊTRE
... HEUREUX ??

C'est nous qui sommes au centre même de notre existence, ce qui veut dire aussi au cœur de notre histoire. Il ne s'agit pas pour autant de se croire au centre de l'univers ou de s'imaginer comme le nombril du monde vivant.

Comme chaque être humain, c'est du moins ma croyance, nous avons reçu au moment de notre conception un germe de vie, une graine d'amour universel et certainement une part d'énergie cosmique qui nous rattache à l'ensemble de l'univers. Cela me semble constituer la base d'une appartenance à nulle autre pareille qui transcende notre passage sur terre et nous relie à l'ensemble du vivant.

Ce qui devrait nous rendre responsables, à l'égard de tout être vivant et donc de nous-mêmes, de l'ensemble de nos actes.

Responsables non seulement de notre présent et de notre avenir, mais aussi de la relation que nous entretenons avec notre passé. À partir d'une telle position de vie, avec un tel ancrage, il nous sera plus difficile (si telle est notre tentation) de nous réfugier dans la violence ou de nous enfouir (enfuir) dans la victimisation ou l'assistanat, ce qui me semble être aujourd'hui une alternative trop fréquente chez certains.

En effet, ce n'est pas tant ce qui nous est arrivé ou ce qui va surgir dans notre vie qui va influencer notre chemin ou nos décisions, mais ce que nous faisons avec les traces de notre passé en nous, ce que nous faisons avec l'impact et la résonance du présent, ce que nous ferons avec l'imprévisible du futur.

Comment nous avons intégré nos expériences passées, comment nous intériorisons et dynamisons le présent et comment nous allons donner vie à l'avenir immédiat. Tout cela à partir de nos ressources, de nos limites et des différents engagements qui sont les nôtres. Engagements concrets, au quotidien, en relation directe avec chacun de nos actes.

Nous pouvons, si telles sont notre option de vie ou nos croyances, choisir de nous replier sur la peur, d'entretenir la plainte, de nous enfermer dans l'accusation ou le ressentiment, ou encore de nous polluer par de l'auto-dévalorisation et ainsi nous paralyser dans la non-estime et le non-amour de nous-mêmes.

Nous pouvons être tentés, bien sûr, de nous victimiser et passer alors l'essentiel de notre temps à entretenir des reproches contre nos parents, contre tous les adultes de notre enfance qui ne nous ont pas compris ou aimés.

Nous pouvons encore entretenir accusations et amertumes envers tous ceux qui nous ont déçus, blessés ou frustrés, et même mettre en cause le monde entier et, pourquoi pas, les dieux auxquels nous croyons, sans oublier de critiquer les politiciens que nous avons élus et qui édictent des lois, décident des guerres ou qui prennent des décisions dont les conséquences seront d'entretenir, malgré notre volonté, la violence et l'injustice autour de nous et de par le monde...

Nous pouvons aussi nous appuyer sur les forces vives qui naviguent en nous à chaque instant, et nous relier aux immenses ressources que nous offre la vie, celle qui nous entoure, celle que nous portons, en respectant sa vivance.

Nous pouvons apprendre à mieux accueillir la beauté et la présence subtile du divin ou du sacré présent en toute chose et en tout être.

Nous pouvons être plus énergétiques (c'est-à-dire capables d'engendrer de l'énergie créatrice) et plus dynamiques si nous avons appris à mieux nous définir, à nous positionner et à nous affirmer avec plus de clarté devant autrui.

Nous pouvons commencer à mieux nous aimer si nous acceptons de déposer et de restituer les messages toxiques qui peuvent venir à tout instant vers nous, de la part de ceux qui nous entourent, de ceux avec qui nous travaillons ou qui prétendent même nous aimer !

Nous pouvons retrouver et entretenir la confiance, la bienveillance et l'estime de soi si nous acceptons de nous respecter en nous réconciliant avec l'ex-enfant qui est au profond de nous.

C'est le chemin que je souhaite à chacun.

Le bonheur serait-il soluble dans la sagesse ?

À l'occasion d'une émission de télévision*, j'ai pu répondre à différentes questions autour de la quête vers la sagesse qui semble se développer aujourd'hui dans tous les milieux.

Comment expliquez-vous ce renouveau d'intérêt, cette aspiration qui semble se manifester pour la sagesse ?

Il ne s'agit pas, dans beaucoup de cas, d'un renouveau, mais d'un réveil, d'un ré-apprivoisement de connaissances et de pratiques qui sont censées permettre à chacun de se ré-approprier une qualité et un pouvoir de vie, dont les hommes et les femmes d'aujourd'hui se sentent de plus en plus dépossédés.

Comme tout changement chez l'être humain, ce regain d'intérêt pour les sagesses primordiales repose sur plusieurs phénomènes.

---

* *Agapé*, France 2, février 2007.

Trois phénomènes liés à des mouvements totalement différents, qui sont aux antipodes les uns des autres, sans être nécessairement en conflit, mais qui vont s'affronter implicitement dans l'esprit de beaucoup et se développer chez les femmes et les hommes d'aujourd'hui :

- Un mouvement régressif, conditionné par la culture socio-économique qui pousse à l'uniformisation, au nivellement, et conduit au développement d'une pensée unique.
- Un mouvement de fuite vers le magique et l'irrationnel qui s'ouvre dans deux directions : l'équivalent d'une hémorragie vers l'irréel et la fiction, avec l'impact et l'emprise des jeux virtuels proposés sur Internet, ainsi que l'influence des jeux vidéos ; et la tentation vers ce que j'appelle le spiritualisme ou pseudo-spiritualité. Ce qui explique l'influence grandissante des sectes et des nouvelles Églises, ainsi que les gourous, les anges gardiens ou les entités extraterrestres.
- Un mouvement d'élévation et d'approfondissement, une aspiration, un intérêt vers une redécouverte de différents courants de sagesse qui représentent une invitation à nous réconcilier avec cette part d'essentiel qui semble se dérober dans l'urgence d'un quotidien voué à la survie et que l'on pourrait appeler la transcendance. C'est-à-dire la possibilité de retrouver et de renouer un lien au divin, avec cette part de sacré qui est souvent maltraitée, qu'on ne place plus nécessairement au-dessus, mais pour beaucoup, de plus en plus, en nous.

Le besoin pressant d'être acteur de son propre changement, d'être coauteur de sa vie, de se relier à un tout, et par là même d'échapper à un matérialisme qui se révèle décevant.

Avec le sentiment d'une urgence : l'avenir se dérobe, le présent s'effiloche, les croyances se télescopent et les valeurs, pierres d'ancrage d'une morale, d'une éthique minimales, ont perdu de leur consistance.

Comment comprenez-vous cette quête de la sagesse de nos contemporains ?

Là aussi, il y a trois mouvements, plus personnels, plus intimes, qui s'agitent à l'intérieur de beaucoup :

- Des doutes et une angoisse diffuse sur notre capacité à prendre les décisions qui s'imposent, avec de plus en plus d'évidence, pour sauvegarder notre environnement et notre place dans cet environnement.
- Une aspiration à devenir un sujet, à sortir des dépendances matérielles, à ne plus se laisser guider par des désirs. Car nous sommes devenus dépendants d'une foultitude de choses... Ce sont les entités (économiques, politiques) qui décident de ce que nous allons manger dans les dix prochaines années, du nombre de mètres cubes de neige, de sable, d'heures de télévision que nous devons consommer...
- Un besoin de plus en plus vivace et présent chez beaucoup de redonner du sens à son existence, d'échapper

à l'accélération du temps, à cette dérive qui nous sature de propositions, de sollicitations sans que nous ayons toujours un choix réel à faire.

Qu'est-ce que la sagesse et où la trouver ?

La sagesse est un chemin. La recherche d'un accord, d'une harmonie intérieure qui se nourrit de la congruence entre ce que je sens et ce que je fais, entre ce que je pense et ce que je dis, entre mes valeurs et mes actions.

Ce qui veut dire qu'on ne peut la trouver qu'en soi, mais cela suppose comme l'enseignait Krishnamurti* de « pouvoir se libérer du connu », et donc d'affronter l'inconnu en soi, les zones d'ombre comme celles de lumière, et aussi cette part d'intemporel qui habite chacun.

Ces chemins vers la sagesse (qui n'est pas un état, mais une initiation permanente) convergent vers quelques ancrages clés :

- Pouvoir trouver la paix en soi et se sentir en paix, en accord avec ce qui nous entoure.
- Pouvoir accueillir au-delà des apparences les bienfaits et les cadeaux de la vie.

---

* Krishnamurti (1895-1986), philosophe indien.

Cela va supposer quelques apprentissages comme :

- Oser s'aimer (non pas sur un mode narcissique, mais de façon bienveillante, respectueuse de sa personne et de ses limites) pour pouvoir mieux aimer les autres.
- Apprendre à ne pas confondre ses désirs et ses besoins et, en particulier, à respecter ses besoins relationnels.
- Être capable de dire oui ou non à une proposition ou une sollicitation, pour rester en accord avec ses valeurs, ses choix de vie et ses engagements sans se sentir coupable ou en porte-à-faux avec son environnement proche.
- Veiller à ne pas se laisser polluer par les messages négatifs ou toxiques que dépose sur nous, en particulier, notre entourage proche.
- Mieux conscientiser que nous faisons partie d'un tout et que chacune de nos actions influence ce tout.
- Accepter la part de divin qui est en nous afin de nous relier à l'ensemble du divin qui nous entoure.

Peut-on l'apprendre dans un guide pratique ou faut-il l'expérience d'une vie entière pour l'apprivoiser ?

Tout d'abord, il convient d'en ressentir le besoin, le mouvement interne et le cheminement en nous.

Ces chemins de sagesse vont se découvrir au travers des rencontres, des témoignages, des lectures ou de ce qu'il serait possible d'appeler un Éveil.

Ensuite, entrer dans une pratique et pour cela s'en donner les moyens. Car si la prise de conscience est nécessaire, indispensable pour entrevoir un changement, elle n'est pas suffisante. Il faut quelque chose de plus : s'en donner les moyens.

Aujourd'hui, les « courants de sagesse » sont nombreux : que ce soit avec l'impact du bouddhisme tibétain au travers du charisme du Dalaï-Lama – mais il y a bien d'autres écoles bouddhistes –, le renouveau des Églises, le courant zen, l'intérêt pour la Kabbale et les Écritures saintes, l'influence de l'hindouisme et de ses innombrables gourous, le retour des chamans qui, depuis quelques années, acceptent de transmettre un savoir qui autrefois était réservé à des initiés (en partant de l'idée suivante : tant que l'homme s'attaque à l'homme, nous n'intervenons pas, mais quand l'homme menace la Terre, notre mère à tous, alors nous ne pouvons rester dans le silence !).

J'ajoute pour ma part, dans cette recherche d'une sagesse porteuse d'espoir et de mieux-être, un engouement pour la philosophie et au-delà, le vrai désir d'intégrer une stimulation philosophique dans ma vie, avec les travaux d'André Comte-Sponville et de Michel Onfray.

Il y a aussi toutes les démarches entreprises autour du développement personnel qui intègrent une dimension spirituelle. Démarches qui, si elles sont porteuses de nombreuses dérives, permettent à beaucoup de se réconcilier avec le meilleur d'eux-mêmes, et donc d'être porteurs de moins de violence et, surtout, d'autoviolence !

Faut-il être raisonnable pour être sage ou au contraire savoir faire preuve de folie et de rébellion ?

La raison pèse de peu de poids pour être sage – je veux dire pour être en accord avec soi, en paix à l'intérieur et avec son entourage –, mais pas plus que la folie au sens habituel du terme. Peut-être faut-il accepter d'entendre la part d'irrationnel, de magique qui nous habite. Peut-être faut-il, en effet, se rebeller, dans le sens de s'affirmer différemment face aux attentes souvent terroristes de nos proches, aux conditionnements matériels qui pèsent, aux peurs qui nous taraudent, pour entrer dans un processus d'interrogations et de remises en question. Toutes sortes de positionnements atypiques qui sont quelquefois surprenants.

Table

www.j-salome.com
www.institut-espere.com

Je croyais qu'il suffisait de t'aimer...

Minuscules aperçus sur la difficulté d'enseigner

Minuscules aperçus sur la difficulté de soigner

Toi mon infinitude (calligraphies de Hassan Massoudy)

N'oublie pas l'éternité

Paroles de rêves (photographies de Vincent Tasso)

Pensées tendres à respirer au quotidien (calligraphies de Lassaâd Metoui)

Contes d'errances, contes d'espérance

CHEZ D'AUTRES ÉDITEURS

Supervision et formation de l'éducateur spécialisé (épuisé), Privat

Relation d'aide et formation à l'entretien,
Presses universitaires de Lille

Parle-moi... J'ai des choses à te dire, Éd. de l'Homme

Apprivoiser la tendresse, Jouvence

Si je m'écoutais, je m'entendrais
(en collaboration avec Sylvie Galland), Éd. de l'Homme

Aimer et se le dire
(en collaboration avec Sylvie Galland), Éd. de l'Homme

Jamais seuls ensemble, Éd. de l'Homme

Une vie à se dire, Éd. de l'Homme

Le Courage d'être soi, Le Relié, Pocket

Au fil de la tendresse
(en collaboration avec Julos Beaucarne), Ancrage

Inventons la paix, Librio

L'Amour et ses chemins
(en collaboration avec Catherine Enjolet), Pocket

233

Composition IGS
Impression : Imprimerie Floch, septembre 2007
Éditions Albin Michel
22, rue Huyghens, 75014 Paris
www.albin-michel.fr

ISBN : 978-2-226-16958-7
N° d'édition : 25449 – N° d'impression : 68986
Dépôt légal : octobre 2007
Imprimé en France.